中国牧草生产者种植决策行为研究

高海秀　王明利　著

中国农业出版社
北　京

本研究得到“国家现代农业（牧草）产业技术体系建设专项资金（CARS－34）”和“中国农业科学院创新工程（ASTIP－IAED－2020－01）”的资助，同时得到农业农村部畜牧兽医局在调研和数据收集等方面提供的周到安排，在此一并表示感谢！

前　言

农业是国民经济基础产业，畜牧业是农业的支柱部门，牧草产业是畜牧业提质增效乃至整个农业供给侧结构性改革的重要着力点之一。尤其是在国内食物消费结构转型升级、农业结构战略性调整、资源约束日益趋紧、生态环境压力逐步加大的背景下，在保护和有效利用天然草地的同时，积极推动人工种草发展牧草产业非常迫切。但在传统农耕文化影响下，我国牧草产业发展缓慢，从国家层面真正将牧草作为一个产业来决策也只是近十多年的事。近年来，尽管国内牧草产业较快发展，但离市场需求还相差较远，主要草产品国内缺口达 1/3 以上。所以，基于生产实践的大量第一手数据资料，实证研究牧草种植者生产决策的行为及影响因素，探寻如何促进国内牧草生产快速发展具有重要的现实指导意义。

本研究基于科学回答牧草生产是否有效益以及牧草种植者“种还是不种”“种多少”及发掘相关决策的影响因素这样一个总目标，依托农户行为理论同时考虑到牧草作为中间产品和粮食的竞争作物，生产者种植决策必然会受到牧草产业与其终端消费市场的连接状况以及与粮食作物的比较效益的影响这样一个特殊性，使用牧草生产八个典型省份 527 户实地调研问卷资料和牧草产业经济研究室 2011—2018 年牧草生产成本收益定点监测数据，并辅之以历年主管部门有限的宏观数据，运用耦合协调度模型、投入导向的 BCC 模型、Malmquist 模型、二元选择模型等实证研究方法，在测算不同时空条件下中国牧草产业和草食畜牧业耦合协调度变化，以及牧草生产与主要竞争作物——粮食生产的比较效益及变化分析，牧草与粮食的技术效率和全要素生产率趋势变动及比较的基础上，重点对当前牧草种植者的生产行为特征进行了描述性统计分析，并分析了基于风险规避视角的牧草生产者决策行为和不同经营规模、不同经营类型的牧草生产者未来种植意愿及关键影响因素，最后得出研究结论及相应的对策建议。在丰富牧草产业经济研究领域、充实研究内容和拓展研究视角方面做出了一定的边际学术贡献。

本研究得出如下主要研究结论：草畜产业系统耦合协调总体呈上升趋势，但仍处在过渡区间且区域差异明显；牧草种植技术效率有较大提升空间，技术进步是其全要素生产率变化的驱动力；风险规避行为对不同样本群体牧草种植决策行为的影响差异显著，教育程度、生产机械的可得性等其他一些重要影响因素也会对种植决策产生不同的影响；不同类型生产者牧草种植意愿差异明显，政策扶持等因素可显著提高种植意愿；组织化行为正向影响生产者牧草种植意愿，但对不同类型生产者影响差异显著。基于研究结论，提出如下对策建议：一是因地制宜推进草畜产业系统耦合，鼓励发展草畜结合经营模式；二是提升关键技术自主研发水平推进技术进步，提高牧草产业生产效率；三是建立健全产业风险管理体系，护航牧草产业健康稳定发展；四是加强牧草生产组织化发展程度，鼓励创新利益共享机制；五是完善政策扶持体系，实现政策支持精准发力。

目　　录

第一章 绪 论

1.1 研究背景和研究意义

1.1.1 研究背景

随着居民食物消费结构转型时代的到来，中国农业进入消费引导发展转型的新阶段，人均粮食消费量从 1980 年的 213.81 千克下降到 2017 年的 130.1 千克，降幅为 39.15%，而人均畜产品消费量从 1980 年的 13.43 千克增长到 2017 年的 57.70 千克，增加了 3.30 倍。参照饮食习惯较为相近的日韩等国经验，未来十几年人均动物产品消费量仍将持续上升，这就意味着对饲料粮的需求将不断攀升（杨军等，2013；任继周，2014）。而中美贸易战等不确定性因素警醒我们不能过度依赖国际市场解决饲料短缺问题，也要注重向内求发展，尤其是当国内的生产潜力尚未得到充分发挥的情况下。解决饲料严重不足问题的关键出路之一在于发展牧草产业，优质牧草粗蛋白含量高达 20%左右，应是重要的饲料来源（任继周，2013）。此外，牧草还兼具生态功能。但长久以来的农耕文明传统导致牧草产业被忽视。

新形势下，发展牧草产业对我国保障食物安全、维护生态安全和推进农业供给侧结构性改革具有重要意义。优质牧草粗蛋白含量高，在一定面积土地上种植优质牧草做饲料，相当于 3～5 倍面积土地所种的小麦营养源，而蛋白质多出 4～8 倍（任继周，2013，2014），发展牧草产业可以降低粮食消耗、保障肉类有效供给，是解决粮食安全问题的有效途径之一（王明利等，2015）。草原是我国面积最大的生态屏障，我国的草原生态系统每年提供的总价值达到 1 497.90 亿美元，其中生态价值占比 79.99%（谢高地，2001）。除天然草地所具有的生态价值以外，将人工种草引入农业产业体系，在耕地上实施草粮结合、草林结合、草菜结合等，可改良土壤理化性状、保持水土、培肥地力，有效缓解土壤毒化、增加土壤有机质含量，从而改良土壤质量维护生态安全（张英俊等，2013；任继周，2014）。在农业主要矛盾已由总量不足转变为结构性矛盾，推进农业供给侧结构性改革势在必行的背景下，发展牧草产业有助于改善种植业结构、调整养殖业结构以及促进传统养殖方式的转变等（高雅等，2015）。

近年来，随着农业供给侧结构性改革的深入推进，中央和各部门决策者逐渐认识到发展牧草产业是推进此项改革的应有之义和重要举措。2015 年中央 1 号文件明确提出要“支持青贮玉米和苜蓿等饲草料种植”；2016 年农业部印发的《全国种植业结构调整规划（2016—2020 年）》要求“到 2020 年，青贮玉米面积达到 2 500 万亩*，苜蓿面积达到 3 500 万亩，饲草总面积达到 9 500 万亩”；2019 年中央 1 号文件再次提出“发展青贮玉米、苜蓿等优质饲草料生产以合理调整粮经饲结构”；2020 年全国畜牧总站印发的工作要点中强调，“大力发展现代草牧业、深入实施粮改饲政策以推进农牧业结构调整”。牧草产业迎来机遇，人工种草逐渐发展起来。但是，牧草产业作为农业中弱质部门，面临着地方政府重视程度不够、老百姓种植牧草接受度较弱、生产基础设施不足、市场体系不健全、国际市场冲击力度大等诸多问题，尤其是牧草在种植、刈割、储存、运输和销售等过程中面临诸多风险，直接影响生产者牧草生产积极性。那么，如何推进牧草产业持续稳定健康发展是本研究重点关注的问题。

1.1.2 研究意义

理论意义：种植决策行为是国内外农业经济研究学者关注的重点问题之一，众多学者对此进行了大量研究，在研究对象上主要包括稻米、小麦等粮食作物和棉花等经济作物；关于牧草的经济研究在中国起步较晚，加之相关数据材料较为缺乏，因此针对牧草生产者种植决策行为的系统研究尚不多见。本研究在梳理农户行为理论的基础上对农户种植决策行为进行了理论分析，并尝试构建了中国牧草生产者种植决策行为分析框架，丰富了中国牧草产业经济的研究领域和研究内容，具有一定的理论意义。

应用意义：发展牧草产业是实现畜牧业提质增效转型升级发展的重要着力点，是推进农业供给侧结构性改革的关键环节，是助力乡村振兴战略实现产业振兴的有力抓手，因此促进牧草产业稳定快速发展很有必要。测算牧草产业与畜牧业的耦合协调度可以了解到全国及各省区牧草生产与其消费市场的协调发展水平，掌握主要牧草和粮食作物的比较效益有助于回答部分生产者关于“种草是否赚钱”的问题，探究牧草生产者种植决策机理可以找到影响牧草种植者

* 亩为非法定计量单位，1 亩=1/15 公顷。——编者注

生产行为决策的因素，对推进牧草产业健康持续稳定发展具有重要现实意义。

1.2 国内外研究现状

1.2.1 国内文献综述

新中国成立之前，我国草业经历了“原始草原狩猎业—传统草原游牧业—近代草原畜牧业”的漫长历史进程，这个过程延续了几万年（洪绂曾等，2011）；随着中华人民共和国的成立，牧草产业发展进入新时代，但是因受国民经济发展阶段和条件的制约，其发展的过程充满波折，整体来看，经历了“艰难萌芽期—缓慢成长期—快速发展期”阶段。2008 年“三聚氰胺”事件后，牧草尤其是苜蓿等优质牧草需求急剧增长，推动了牧草产业的快速发展（王明利等，2012）。从牧草供求现状和趋势看，目前我国饲草料需求与供给总体上趋于平衡，但是不同区域间饲草需求和供给存在明显差异（张英俊等，2014）；预计 2035 年的我国优质干草需求总量为 4 815 万吨，需要优质饲草种植面积约为 8 026 万亩（刘爱民等，2018）。从牧草贸易现状和趋势看，我国牧草进口急剧增长而出口则不断下滑，草产品对国际市场依赖程度逐步加大，苜蓿、燕麦等其他草产品进口量持续增多，我国牧草产业国际竞争力总体较弱（杨春等，2011；石自忠等，2013；杨春等，2017；刘亚钊等，2018）。牧草进口不断增长虽有利于弥补国内供需缺口，但同时对国内草产品市场形成巨大冲击，不利于牧草产业稳定持续健康发展（刘亚钊等，2011；江影舟等，2016）。

（1）关于草畜产业系统耦合的研究。饲草料是畜牧业的物质基础，在市场经济条件下，这个物质基础，通过商品流通构建了一个植物生产层与动物生产层之间的耦合系统（任继周，2004）。发达国家经验表明牧草不但可以为家畜提供营养平衡的全价食物，还生产了价廉物美的草食畜产品（任继周等，2009）。同时，国内外食品安全的经验教训表明，草畜耦合是保障动物性食品安全的系统性基础（任继周等，2009；张英俊，2019）。一些国家的成功经验表明，畜牧业生产水平随着人工草地面积的增加而快速提高，这是由于人工草地建设可以启动草地农业生产系统优化，将植物生产和动物生产紧密结合起来，通过系统耦合，不断放大效益；并且促进产业发展与生态建设融合，实现生态建设的产业化以及可持续发展（任继周等，2002）。草畜产业系统耦合除了可以发生在一个国家或一个区域外，还可以发生在一个生产单位之内。已有学者通过田间试验的方式证明了构建农牧结合、草畜耦合生产系统的重要性，并对其进行了效益评价（张卫健等，2001；王祎娜，2008）。杨春等（2011）研究表明，将苜蓿种植与奶牛养殖的有效结合，可增加产奶量，减少奶牛疫病，提升牛奶质量，同时有利于提高种草户和养殖户的积极性，综合效益显著提高，因此认为结合当前我国苜蓿与奶业发展中存在的问题，实行苜蓿与奶业的有效结合将是推进其共同发展的关键途径。总体而言，推进草畜产业系统耦合，是实现畜牧业高质量发展的关键路径，是推进农业供给侧结构性改革的重要着力点。

（2）关于牧草生产效益和生产效率的研究。国内专门针对牧草生产效益的文献尚不多见，已有的几个研究所得结论基本一致，即种植牧草的经济效益较好，尤其是苜蓿，无论是从直接的纯收益看，还是间接的生态效益看，苜蓿的效益均优于青贮玉米、黑麦草等（朱志明等，2001；王涵等，2005；石自忠等，2016）。近年来随着牧草产业的发展，种植牧草和种植传统作物哪个更具有效益成为学界关注度较高的问题之一，因此就牧草和粮食的比较效益展开了大量研究。有的文献研究认为，种植苜蓿和青贮玉米等牧草作物的经济效益要高于种植小麦和玉米，但是低于种植棉花等经济作物和马铃薯，同时考虑到苜蓿的潜在效益和所处规模报酬阶段，种植苜蓿的效益要明显优于小麦、玉米等传统作物（陈自胜等，2000；赵新林等，2011；石自忠等，2013；朱新强等，2014；刘会芳等，2016）。而有的文献研究结论则表明种植牧草的比较效益不高（刘加文，2009；宋乃平等；2013）。

就牧草的生产效率而言，作为优质牧草代表的苜蓿成为学界重点研究对象，如：刘玉凤等（2014）对 8 个苜蓿主产省区的测算结果表明，2013 年这些地区苜蓿的平均技术效率为 0.89，且在过去的三年中呈增长态势；王文信等（2016）对河北黄骅市苜蓿种植农户的生产效率计算结果表明，样本农户的纯技术效率都高于 0.95，平均规模效率为 0.78，随着种植规模的扩大，规模效率呈 U 形变化，农户苜蓿种植规模在 18～19 亩区间效率最优。笔者认为农户的基本特征、农户的经营特征和外部环境是影响规模效率的因素。已有文献针对苜蓿技术效率的测算结果基本一致，维持在 0.8～0.9，且地区间差异较为明显，温度等自然条件、机械等技术进步水平以及产业政策等是影响苜蓿生产技术效率高低的重要因素（王丽佳，2017；石自忠等，2019）。此外，也有部分学者针对其他牧草品类的生产效率展开研究。不同省区和不同规模的青贮玉米生产技术效率存在显著差异，2014—2018 年内蒙古青贮玉米生产技术效率最高，为 0.78，中等规模的生产主体技术效率水平最高，为 0.69，提高青贮玉米生产技术效率水平需要提倡适度规模经营、提高机械化水平和加大政策支持（倪印锋等，2020）。汪武静等（2017）测算中国西南地区农户种植黑麦草的技术效率，80%以上的农户种植黑麦草的技术效率大于或等于 0.80。就牧草生产的全要素生产率而言，2011—2017 年苜蓿全要素生产率年均增长率呈下降态势，而青贮玉米和黑麦草呈增长态势（石自忠等，2019）。

（3）关于种植者生产决策行为及其影响因素的研究。农业生产者的种植决策行为一直是农经学界关注的重点议题之一，尤其是关于粮农种植决策行为的文献材料最为常见。从研究内容和结论上看，学者探究了补贴政策对农户粮食种植决策行为的影响，研究发现：粮食直补政策和最低收购价政策，正向影响粮农的种植决策行为，提高了其粮食生产积极性，促进了粮食种植面积的扩大，就具体粮食品种而言，补贴政策向大户倾斜在稳定小麦预期种植面积上起到了积极作用，良种补贴能够显著地促进农户选用小麦良种，但对于稳定小麦种植面积的效果并不显著（刘克春，2010；冷博峰等，2012；贾娟琪等，2017）；除了补贴政策外，粮食价格、预期收益、决策者年龄和文化程度、种植规模、是否参加粮食生产合作组织、农业风险、生产信息获取情况、农技推广力度也是影响农户种粮决策行为的关键因素（吕开宇等，2013；苗珊珊等，2013；王娜等，2015；赵丹丹等，2018）。同时，也有部分学者开展了关于大豆、蔬菜和棉花等经济作物生产者的种植决策行为的研究，如李孝忠等（2009）对大豆生产者种植决策行为进行分析发现，大豆与其他农作物的收益差异是影响农户种植决策的重要因素，此外，市场与政策认知程度、自然资源限制、农户家庭劳动力、当地市场发育程度、农户在村中的经济地位以及参与种植业保险等都对大豆生产者种植决策行为产生一定程度的影响。针对农户蔬菜种植决策行为进行研究的结果表明，农户以往蔬菜种植经验、与替代作物的预期相对收益以及地区非农就业水平是影响生产者蔬菜种植面积决策的关键因素（吕超等，2011；王世尧等，2013）。围绕棉农的实证分析发现，其棉花播种面积决策行为主要受价格、对未来相对收益的预期以及已往决策的影响（钟甫宁等，2008；王利荣等，2015）。从研究方法上看，被使用频率最高的用于研究农户种植决策行为的方法包括农户模型、Nerlove 模型、二元选择模型、Logistics 模型（刘克春，2010；朱慧等，2012；王世尧等，2013；吕开宇等，2013；苗珊珊等，2013；贾娟琪等，2017；赵丹丹等，2018）。从研究区域上看，学者大多选择所研究作物的主产区进行研究（李孝忠等，2009；冷博峰等，2012；王利荣等，2015）。

牧草产业属于新兴产业部门，加之微观生产数据相对缺乏，因此学术界围绕牧草种植者生产行为的研究并不十分多见。综合来看，已有研究的结论普遍认为，农耕文化的传统种养观念、猪肉为主的肉类消费习惯、与其他作物的比较效益、生产者的个人和家庭特征、农户生产经营类型特征、牧草生产加工以及贮藏等技术的普及、生产者的抗风险能力等是影响牧草生产者种植决策的重要因素（王刚等，2006；马玲玲，2009；刘加文，2009；王峰等，2009；周开洪等，2010；宋乃平等，2013；王龙刚等，2017）。就具体牧草类型而言，苜蓿因其较高的营养价值和广泛的适用性获得了学术界的高度关注，因此围绕农户苜蓿种植意愿和行为问题展开了大量研究，研究结论普遍认为经济效益、技术水准、苜蓿认知、农户个人和家庭特征、经营特征、外部环境等会显著影响农户的苜蓿种植意愿（侯向阳，2011；王文信等，2014；李新等，2015）。苜蓿收割、贮存等手段落后，标准化生产滞后，苜蓿收购价格不高等也在一定程度上制约了生产者的苜蓿种植决策（王明利，2010；孙启忠等，2012）。

对于习惯了种植粮食等传统农作物的生产者而言，在耕地上种植饲草则属于相对新兴事物，除了上述文献中所提到的影响因素外，风险和政策是影响农户生产决策的两个不容忽视的因素。以苜蓿为例，其面临的生产风险包括气候、土壤、生物、技术、管理和市场六类，其中气候风险包括干旱、降雨、降雪、气温、湿度、风沙等方面，土壤风险涵盖平整度、地块规模、钙积层、盐碱土等方面，生物风险涉及自毒性、杂草、虫害、病害等方面，技术风险涵盖播种、刈割、打捆等环节，管理和市场风险主要包括价格、质量、营销等方面（孙启忠等，2013）。就规避和降低牧草生产风险的途径的研究结论来看，主要包括三个方面的应对措施：一是，在生产实践中将牧草和一年生麦类、油料作物混种或间种，以降低多年生牧草生长缓慢所带来的减产风险，或将豆科和禾本科混合青贮，可降低豆科牧草青贮风险（张英俊等，2013）；二是，在宏观政策建立层面，增强苜蓿产业风险意识、建立风险管理机制和构建风险防控技术体系等，以提升苜蓿产业风险防范能力规避或降低各类风险所带来的危害（孙启忠等，2013）。三是，部分地区形成系列专业牧草种植收获服务组织，可提供牧草生产整地、播种、打药、收割、打捆、青贮、运输甚至销售等全过程服务，以社会化服务减震风险冲击，降低农民面临的种草风险，提升其种草积极性（李锦华等，2016）。

就影响牧草生产的政策性因素而言，虽然我国牧草产业起步阶段主要依赖出口刺激国内生产，但是牧草生产快速发展离不开“退耕还林还草工程”“振兴奶业苜蓿发展行动计划”“南方现代草地畜牧业推进行动”“粮改饲”等一系列政策和工程项目的扶持。当前，诸多学者阐述了牧草生产与产业发展过程中政策扶持的重要性，并呼吁完善牧草生产与产业发展相关扶持政策（王明利等，2012；卢欣石，2013；孙启忠等，2013；石自忠，王明利，2013；王国刚等，2015；王明利，2015；石自忠等，2017）。上述每一项政策的推行都会对牧草生产者产生一定的影响。就具体牧草类型来看，以苜蓿为例，国家补贴政策会影响农户苜蓿种植行为，如退耕还林还草战略的实施有效调动了农户苜蓿生产积极性，但之后一段时间国家增加粮食补贴又导致苜蓿草地翻耕退草（王国良等，2010；侯向阳，2011）；也有学者认为针对其他作物的种植补贴政策不会对苜蓿种植面积产生显著影响，因此提出要减少政策对苜蓿生产的干预，但建议增加良种、技术、信息等方面的服务供给（王文信等，2015）；同时，苜蓿直接补贴不会改变农户种植结构，但实施与播种面积相挂钩的苜蓿种植补贴政策可提升农户苜蓿生产积极性（王文信等，2017）。就具体政策来看，已有学者对“退牧还草”和“退耕还林还草”工程下农牧民的响应行为进行了研究，结果表明不同禀赋和特征的生产者对政策响应存在差异（赵爱桃等，2008；龚大鑫等，2012；宋乃平等，2013）。近年来，随着“粮改饲”政策的推进实施，国内学者围绕该项政策展开了较多研究，有的研究结果表明，“粮改饲”政策实施具有明显的经济和生态效益，在保证良好的土地资源和合理的田间管理条件下，粮改饲基本上可实现种草高于种粮的经济效益，政策取得了良好效果（郑瑞强等，2016；胡向东，2017；孔晓蕾等，2017；王明利等，2017；江帆等，2018）。同时，也有研究表明，粮改饲政策在各省自治区推行过程中也存在一些问题，并没有很好地发挥政策本身的效益，比如种植户生产经营状况较政策推行之前变化不大，养殖户普遍反映青贮窖建设补贴太少、行政审批手续烦琐、贷款难限制了养殖规模扩大，因此对于青贮玉米的需求十分有限，不能很好地带动当地种植户种植青贮玉米（赵懿真等，2019）。此外，农民对“粮改饲”政策的认知度不够、专业化青贮窖池、青贮饲草收割机械等畜牧业生产基础设施薄弱、各主体利益分配不均等也限制了“粮改饲”政策效益的发挥（孟志兴等，2017；马梅等，2018）。

1.2.2 国外文献综述

在人类文明的早期，草原并没有像今天这样受到严格的管理，随着文明的不断发展，人类开始驯养野生动物，对牧场上的牲畜进行了更加集约化的管理，人类开发的草原与天然草原之间的区别逐渐形成。人类种植牧草的原则和做法的进一步变化大致与农业技术的历史发展同步，例如，作物科学家开始寻找和培育高产作物品种。这一过程最终被用于发现和培育高产优质的饲草作物，这种优良牧草的发现和培育过程，对牧草生长和产业的发展起着至关重要的作用。虽然世界上有 1 万种牧草，但人类开发的草原上只使用了 40～50 种（Forage Information System，Oregon State University，2019）。

美国是世界上牧草产业最发达的国家之一，因此关于牧草的研究较为丰富。俄勒冈州立大学的一份针对牧草的研究报告指出："牧草对一个国家的重要性至少体现在三个方面。第一个方面是提供产品，很多美国消费者没有意识到实际上日常生活中各种各样的产品和服务直接依赖于饲草。历史上大多数美国人生活和工作在农场，因此，人们对牧草和日常用品之间的联系比较清楚；而目前，只有不到 3%的人口作为全职农民工作生活在农场，所以，许多现代消费者并不熟悉食品或织物生产的整个过程。皮革、牛奶、羊毛、牛肉、羊肉、鹿肉等产品被数百万美国人广泛使用，这些宝贵产品的最终来源是什么？如果说它们是从动物得来的，这是正确的，但是是什么使动物能够生产这些产品呢？它们赖以生存和生产的能量来源于它们所吃的食物，而动物的主要食物正是牧草。此外，饲草还可以提供生物质燃料纤维，部分医药产品也是从牧草中提取的。第二个方面是提供环境效益。牧草在食物和纤维的生产中非常重要，然而牧草在维持良好的自然环境方面也起着至关重要的作用。具体地说，牧草植物群落可以清洁空气并提供氧气，有助于减少土壤侵蚀防止泥沙进入水道，为野生动物提供食物和庇护所，并用各种各样的树叶和鲜花美化我们的环境。与成片的牧场和草甸相比，行状农作物遭受侵蚀的可能性要高 10%～50%。第三个方面是提供经济效益。牧草，无论是在农场、草地还是牧场上，都占据了美国土地总面积的一半。虽然衡量牧草的全部价值是困难的，因为许多牧草并不是作为商品收获和销售的，但据估计，美国农业总产值的 1/4 是由牧草组成的，牧草和牧场的总经济价值约为 180 亿美元（Forage Information System，Oregon State University，2019）"。

（1）关于草畜产业系统耦合的研究。国外学术界充分认可牧草对草食家畜的重要性，如 Acar Z 等（2016）认为土耳其肉和奶的产量与欧洲国家相比很低的主要原因是缺少高质量的牧草，冬季时农民只用稻草和糠饲喂牲畜，所以建议将牧草引进农业作物轮作系统，增加高品质牧草的产量，进而提高肉、奶产量。国外文献针对草畜产业系统耦合的研究结论表明，草畜耦合具有显著的经济效益、生态效益和社会效益。如 Mcnaughton S J 等（1997）在坦桑尼亚 Serengetii 国家公园所做的为期两年的观察对比实验表明：由野生动物与牧草耦合形成的“正反馈环”通过牲畜牧食行为可加速营养物质的可利用性，特别是在放牧地段土壤中的氮比率显著提高，因而加大了草地的载畜能力。Hoshide A K（2005）研究了两种草畜耦合模式的利润率和可持续性指标；一种模式是不同专业化农场之间的耦合，即两个或者很多距离足够近的专业化生产者交换粪肥和饲料作物且农民之间共享土地；另一种模式是农场内部的耦合，即同一个农场既种植又养殖，粪肥还田滋养饲草作物，饲草喂牲畜。结果表明，农场之间的耦合时，利用养殖场的可耕地使得种植户可以扩大作物种植面积，进而获利更多，而如果因农场间耦合而扩大了牧草种植面积和牲畜规模，养殖场的利润率也会改善；农场内部的耦合时，种植饲草的养殖场比传统养殖（仅养殖）获利更多，因为在拥有可种植饲草的土地的情况下，自己种植和加工饲草作物比去市场购买的价格便宜很多。此外，相比较传统的生产模式，农场间和农场内农牧结合生产系统的可持续性指数有所改善，但是建立草畜结合系统也会面临一些挑战，包括潜在合作者的距离、如何建立和维持成功的合作关系、农场内部耦合时的管理以及土地可利用性等。Nguyen X B 等（2013）研究表明种植牧草改善了越南中南部沿海地区肉牛养殖户的生计，农场研究和农民经验均表明种植改良牧草是肉牛养殖户提升年度饲料数量和质量的有益方式，牧草生产受肥料、灌溉条件等的影响，种植牧草可以使养殖户平均节省 50%的劳动力和劳动时间。此外，种植牧草还可以显著减少公共放牧地的压力，进而降低环境退化的潜力。Farahnaz P K 等（2016）对比分析了巴西南部地区几种不同肉牛养殖模式的环境和经济效益表现后得出结论，在改良草地放牧的养殖模式具有更好的环境和经济表现。总体来看，国外文献针对草畜耦合进行了比较细致全面的研究，研究结果普遍表明无论是一个生产单位内的草畜产业系统耦合还是同一区域内不同类型生产单位的草畜产业系统耦合都具有良好的综合效益。

（2）关于牧草生产效益和生产效率的研究。国外学术界最为关注的牧草品类也是苜蓿，围绕苜蓿的效益和效率问题展开了广泛的研究，研究结论大多认为种植苜蓿具有良好的效益。如 Bouton J（2007）指出，美国牧草产业带来的经济效益是巨大的并且这种状况会持续下去，苜蓿产业每年产生的经济价值约为 81 亿美元，东南部地区的饲草和牲畜产业系统每年经济总价值达 114 亿美元。具体来看，种植牧草的经济效益包括直接经济效益和间接经济效益，直接经济效益包括销售牧草种子和干草所带来的收入，间接经济效益包括转化成动物产品、固氮和改善环境所带来经济利益。就种植牧草间接经济效益的研究而言，有文献指出在玉米和大豆轮作中添加苜蓿的农民可以实现可观的经济收益，一项在美国艾奥瓦州进行的 5 年轮换试验，用“玉米—大豆—燕麦/苜蓿—苜蓿—苜蓿”的模式替代“玉米—大豆—玉米—大豆—玉米”模式，前者较后者的纯收入增加 24%（Olmstead J et al.，2008）。种植人工改良草地增加土地使用效率，种植豆科牧草作为覆盖作物可以降低除草成本，并减少化肥需求，进而节省生产成本，提高经济效益（Peters M et al.，2001）。

从苜蓿种植的成本收益和效率来看，伊朗种植苜蓿每公顷的总成本约为 889.32～14 174.00 美元、纯收益约为 2 140.96～3 762.00 美元、收益率约为 0.26～2.41，在总成本构成中种植和收获的机械成本、灌溉成本和人工成本占据前三位，其中机械成本对产出水平的影响最显著，较高的收益率意味着成本小于纯收益，种植苜蓿具有很好的经济效益；就生产效率的指标而言，采用“产量/成本”计算所得，为 6.81～15.19 千克/美元（Mobtakerh G et al.，2010；Yousefim et al.，2011）。此外，考虑到苜蓿在不同收获模式下的成本差异问题，Davood Zahmatkeshd 等（2013）测算了苜蓿干草和苜蓿青贮的成本收益，结果显示，苜蓿干草和苜蓿青贮生产的总成本分别是 1 428.78 美元/公顷、1 429.95 美元/公顷，纯收益分别为 289.69 美元/公顷、632.21 美元/公顷，收益率分别为 1.20 和 1.44，机械成本对苜蓿干草和苜蓿青贮影响都很显著，在所有投入中苜蓿干草的种子费、苜蓿青贮的机械费的实物边际生产率最高，作者认为生产苜蓿青贮比苜蓿干草的经济效益更高。从青贮玉米种植的效益来看，Pishgar K 等（2011）对伊朗 Tehran 省青贮玉米的经济效益做了分析，平均总成本为每公顷 1 973.00 美元，大规模农场总成本可能更高，但是大规模农场的玉米青贮产量多因此其成本收益率指标表现更好，纯收益和收益率分别为 118.00 美元/公顷和 1.57。

（3）关于牧草种植者生产决策行为及其影响因素的研究。国外学术界围绕牧草生产者种植决策影响因素展开了大量研究，研究结果表明，生产决策者的年龄、受教育水平和耕作经验等个人特征，牲畜养殖规模等生产经营特征，上年种植面积和价格，预期用途和效益，组织化行为，农户与道路、市场及要素供给机构的距离等方面是影响其牧草种植决策的重要因素（Bazen E et al.，2008；Chebil A et al.，2009；Beshnir H，2014；Mach，2016；Njarui et al.，2017）。Habtamu L 等（2018）通过实地调研埃塞俄比亚的 200 户奶农发现，44%的农户会种植改良牧草作物，然后采用二元 Logistic 回归模型对影响奶农种植改良牧草的因素进行研究，模型结果表明，养殖规模、农田数量、是否参加奶业培训和是否为合作社成员对奶农种植改良牧草具有显著影响。此外，国外文献亦针对影响牧草生产风险和政策性因素展开了研究。

就牧草生产风险及管理来看，Riggs W W（2006）认为牧草生产的风险及不确定性主要来自生产和技术风险、价格与市场风险、财务风险、法律风险及个人风险等，同时其探讨了牧草生产者的风险承担能力及态度，并提出了相关风险管理措施。牧草的干燥面临气候风险，在管理牧草和选择收割设备时，应考虑气候，尤其是田间工作天数（Duru M et al.，1992）。国外学术界将气候变化考虑进来对于牧草生产风险还做了比较前沿性的预测研究，因为气候变化使得温度上升、降雨模式变化，极端天气出现的频率增加，改变了饲草种植和成长环境条件，这种改变会影响牧草产量进而可能带来巨大经济影响。如 Wheeler T 等（2013）从气候变化预测饲草作物生产风险，气候变化对饲草料作物影响的预测研究结果表明，在未来的 20～50 年中，对于世界上不同地区而言可能既是提高作物生产率的机遇同时也是巨大挑战，总体来看，气候变化将对动物饲料供应数量、波动性和质量带来重大风险，为了应对气候变化并满足未来几十年对动物产品的不断增长的需求，需要在饲草料作物和动物科学界进行高质量研究和战略投资。Mats H 等，（2013）评估了气候变化对北欧国家种植梯牧草和黑麦草的影响，以 1960—1990 年为基期，对 2040—2065 年进行情景预测，模拟结果表明由于温度增加潜在牧草产量将会增加，灌溉条件下的牧草产量对气候变化的反应较非灌溉条件下的反应更大，不确定性的影响在西部和东部地区会经常出现但是不会一直持续。此外，牧草生产风险还体现在包装方面，Lacy r C 等（2014）对牧草包装技术的经济效益和风险管理进行过系统研究。牧草生产风险还可能源自畜牧生产，如牲畜死亡及动物管护等方面（Khakbazan M et al.，2009）。就具体牧草类型而言，Hathorn SJ（1973）认为由于苜蓿生产收益不如棉花等经济作物，具有较高的经济风险，而风险水平的高低决定着苜蓿生产的增减，所以除非苜蓿生产存在很高的潜在报酬，否则农户不愿种植苜蓿等风险作物。

一般来说，政策和规制是能够直接或者间接影响国内牧草生产的，为了保持畜牧业稳定发展和生产管理、生产高质量饲草可以减少牲畜养殖饲料成本。韩国农业、食物和农村事务部制定了一项饲草料扩展计划以促进国内饲草料生产和优化资源配置，这项计划包含了三个主要政策：饲草料生产补贴、饲草料加工和销售补贴以及扩大饲草料种植面积。上述几项政策的实施有效地降低了韩国养殖业总饲喂成本中饲草料的占比（Chang JB，2018）。就具体牧草类型而言，苜蓿仍是最受关注的牧草品类，国外学术界研究结果表明，苜蓿对水价政策最为敏感，针对竞争作物制定的政策会间接影响苜蓿生产，关于奶牛存栏量方面的政策也会影响苜蓿种植（Knapp K，1990；Konyar K，1990）。关于牧草生产与用水政策关系的研究相对较多，还包括 Palacios - Diaz 等（2015）、Sumnerd A 等（2013）等的研究。此外，相关研究还涉及其他诸多政策，如运输政策、放牧政策等，涵盖包括苜蓿干草在内的几十个作物品种（Doan D et al.，2003；Klein K K et al.，1996）。就影响牧草相关政策推进的限制因素而言，（Carlos et al.，2016）为了识别墨西哥中部小规模奶农采用政府推动的五种牧草以及六项畜牧技术政策的限制和促进因素，对 115 户农民进行了实地调查，建立二元回归模型识别解释影响政策推行的社会经济变量和农场变量，其中农民的社会经济变量包括受教育程度、务农年数、农民的财富状况等，农场特征变量包括养殖规模、基础母牛数量、牛奶产量、总面积和技术水平等。结果表明：经济条件差、缺乏知识、缺少土地、养殖规模小、缺乏农业推广建议、缺少关于政府项目的信息、申请政府金融支持的相关要求等显著限制政策推行，而基于感知有用性、生产率和对农场的益处、农民的技能等有利于促进技术政策的推行。此外，农民更愿意使用那些需要低水平投资的技术，比如除虫、疫苗和数据记录。

1.2.3 文献述评

总体而言，国内外文献研究一致认可的结论是牧草兼具经济生产功能和生态服务功能，在研究内容上，国内外文献围绕草畜产业系统耦合、牧草生产效益和生产效率、影响牧草种植者生产行为的因素等展开诸多研究。具体来看，国内文献关于草畜产业系统耦合的研究主要集中在耦合的意义和重要性方面，关于牧草生产效益和生产效率的研究主要是基于调研数据对苜蓿等重要牧草品类的成本收益或者生产效率情况进行分析说明，关于牧草种植者生产决策行为的影响因素的研究考虑了生产决策者个人和家庭特征、生产经营特征、传统种养和消费观念、风险和政策等方面。国外文献关于草畜产业系统耦合的研究相对具体，部分研究还定量测算了草畜结合的效益，关于牧草生产效益和生产效率的研究也主要是围绕苜蓿和青贮玉米两大牧草品类展开，关于牧草种植者生产决策行为影响因素的研究结果表明生产者个人和家庭特征、组织化行为、交通条件、市场及要素供给机构的距离、风险和政策等都具有显著影响。

已有国内外文献取得了大量研究成果，但是由于中国牧草产业经济研究起步较晚且有关于牧草的数据较为缺乏，所以有一些研究内容亟待进一步拓展和深入。第一，目前为止鲜有文献对自新中国成立以来牧草产业发展的历史演进、政策变迁、发展成就以及面临的现实约束进行系统全面的梳理。第二，已有文献欠缺对牧草产业和草食畜牧业耦合协调度的测算及其空间格局的分析；现有国内研究或根据草食家畜标准采食量对饲草供需现状进行测算和分析或根据对肉蛋奶的消费量的预测对未来我国牧草需求量进行预测分析；但仅仅测算或预测牧草的供给量和需求量不足以解决我国当前草畜结合不紧密的问题，实现草畜结合必须是从系统耦合角度进行考虑；基础工作之一是掌握牧草产业和草食畜牧业二者系统耦合协调度及其空间格局，当前还鲜有文献涉及。第三，关于粮草比较效益的研究已有文献主要是对比分析主要牧草和粮食作物的成本收益，对应该同属比较效益指标的生产效率的考虑的较为缺乏。第四，已有文献较少考虑风险因素对牧草生产者种植决策行为的影响，并且对不同类型生产者种植决策行为影响因素的关注也较为不足。因此，本研究将从以上方面进行拓展，以期丰富中国牧草产业经济研究。

1.3 研究目标、内容与思路

1.3.1 研究目标

本研究的总目标是探究牧草生产者种植决策行为机理以助力牧草产业实现稳定持续发展。同时考虑到牧草作为中间产品和粮食的竞争作物，生产者种植行为决策必然会受到其终端消费市场以及与粮食作物的比较效益的影响，因此，本研究具体目标如下：①测定中国牧草产业和畜牧业的耦合协调度水平并分析其空间格局状况；②计算主要牧草和粮食作物的比较效益，包括成本收益、技术效率、全要素生产率等情况；③探究牧草生产者种植决策行为，挖掘其内在影响机制。本研究中的牧草生产者种植决策行为包含两个决策阶段，第一个阶段是关于“种多少”的决策，第二阶段是关于“未来还种不种”的决策。

1.3.2 研究内容

根据研究目标，本研究主要内容如下：

（1）牧草产业和畜牧业耦合协调度及空间格局分析。牧草产业作为中间产品与其终端产业部门的耦合协调度达到何种水平以及其空间格局分布状况直接关系到牧草生产与消费的衔接，做好生产和消费的衔接是产业稳定持续发展的重要基础。因此，本研究基于修正的耦合协调度模型测算中国牧草产业和畜牧业的耦合协调度水平及其演变趋势，然后采用莫兰指数对两个产业系统耦合协调度的空间格局状况进行测算以了解其在空间上的分布特征。

（2）主要牧草与粮食作物生产成本收益和生产效率比较研究。一个产业是否能够发展起来关键力量之一是看它能不能带来效益，尤其是在资源约束背景下，单位耕地面积的成本收益和生产效率情况能够很好地代表一个产业的效益情况。因此，本研究基于国家牧草产业体系农户监测数据，测算了2011—2018年监测地区农户种植主要牧草和主要粮食作物的成本收益和生产效率情况并对比分析了两类作物的纯收益、收益率、技术效率、全要素生产率等指标。

（3）牧草生产者种植决策行为及影响因素的实证研究。一般而言，生产者的种植决策的行为包含了种不种、种什么、种多少，但是由于数据的限制，本研究无法按顺序进行生产者种植决策行为三个阶段的研究，因此，拓展研究思路，对牧草生产者种植决策阶段的种多少以及同属于种植决策内容的未来还种不种两个问题进行实证研究。首先，本研究基于团队实地调研数据，对样本地区生产者的牧草种植以及相关生产现状情况进行详细的描述性统计分析；然后考虑到牧草相较于粮食作物在种植、刈割、运输过程中会面临很多风险，因此研究了风险规避视角下的牧草生产者种植决策行为，并进一步探究了不同类型生产者种植决策行为的影响因素；最后在充分考虑生产者预期、政策扶持、生产者自身特征、经营特征以及产业生态条件的基础上对生产者关于未来还种不种牧草的决策进行研究，并进一步探究了不同类型生产者种植决策行为差异及其影响因素。

1.3.3 技术路线图

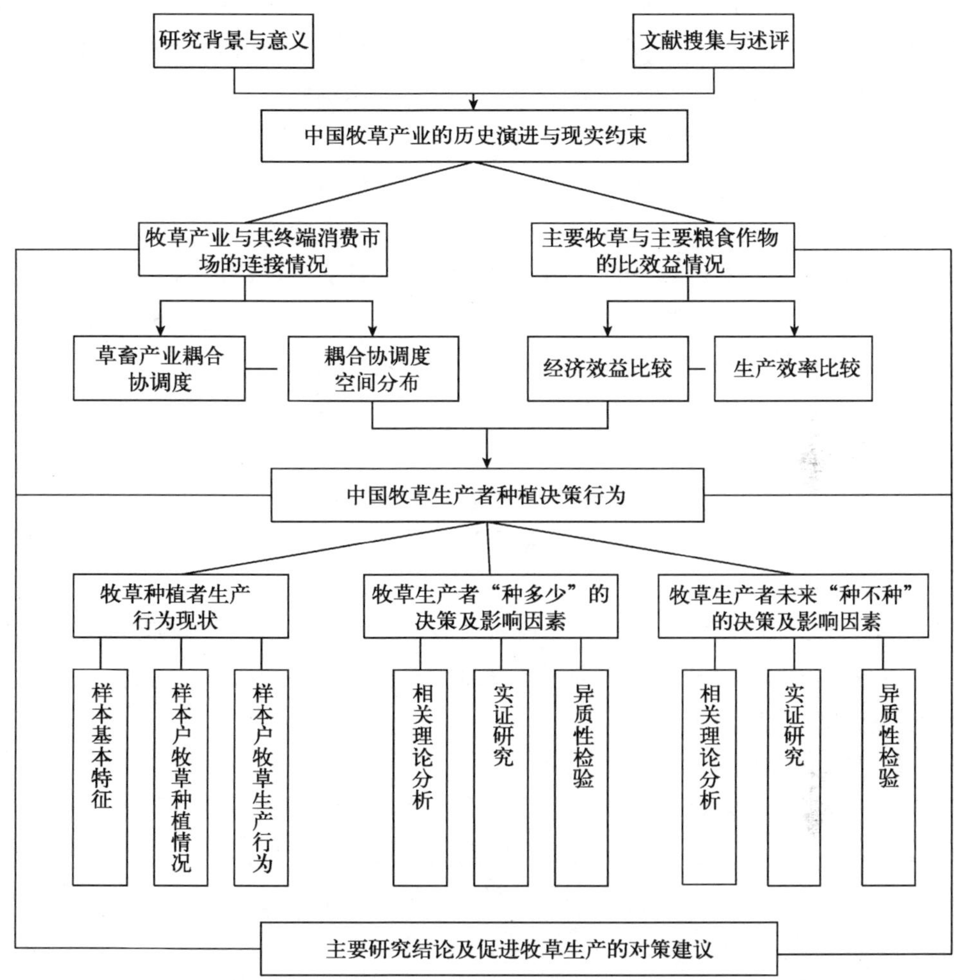

图 1-1 技术路线图

1.4 研究方法与数据来源

1.4.1 研究方法

(1) 文献研究法。利用中国知网、百度学术、维普网、Google Scholar、Web of Science、Wiley Online Library 等文献搜索工具，以“牧草”“牧草产

业”“牧草种植”“草畜耦合”“牧草经济效益”“牧草生产决策影响因素”“forage grass”“forage grass industry”“livestock and forage grass system”“factors of planting forage grass”“alfafa/corn silage planting”等关键词收集国内外文献，对相关文献进行了整理分析，由此建立了对牧草产业相关研究问题的认识，并据此完成国内外文献综述内容和对中国牧草产业发展历史脉络的梳理，为后续研究开展奠定基础。

（2）实地调查法。由于目前国内牧草相关数据较为缺乏，关于牧草投入产出、成本收益方面尚无官方统计数据，同时主要研究内容所需的牧草种植者个人和家庭特征、生产经营特征、牧草产业发展的社会环境特征等方面的数据亦无统计，因此本研究依托课题项目支持，对牧草主产省区开展实地调研，采用访谈和一对一填写调研问卷的方式获取所需相关数据和信息。

（3）统计分析法和数据包络分析方法。基于牧草产业体系提供的农户跟踪调研数据以及本研究实地调查所得的数据，采用统计分析方法中描述统计方法对主要牧草作物和主要粮食作物的成本收益、调研区域牧草种植者的生产行为现状等进行分析；对于主要牧草和粮食作物的生产效率问题则采用数据包络分析方法进行研究。

（4）计量分析法。本研究在对草畜耦合协调度空间格局分析部分使用了空间计量分析方法，在基于实地调研数据对牧草生产者种植决策行为进行实证分析的部分采用了计量经济模型。

1.4.2 数据来源

本研究所用的数据主要来自微观调研数据和宏观统计数据两部分。微观调研数据主要通过实地访谈、填写调研问卷的方式获得，包括两个主要来源：一是由国家牧草产业体系产业经济研究室依托国家牧草产业体系综合试验站，从2011年起对新疆、山西、江苏、内蒙古、黑龙江等省份的牧草生产者种植牧草和粮食作物的成本收益、产量等进行跟踪调查，获得大量一手数据；二是由中国农业科学院农业经济与发展研究所畜牧业经济课题组师生成员组成的调研团队，通过抽样调查方法选取了宁夏、内蒙古、甘肃、河北、山东、山西、四川、贵州8省份，实地填写调研问卷获取当地牧草种植者的投入产出特征、个人和家庭特征、技术采用行为、资源禀赋和社会经济条件等，以实证分析牧草种植者生产决策行为影响因素。宏观数据主要来自《中国草业统计》《中国畜牧业统计》《中国农业年鉴》等权威官方出版物。

1.5 可能的创新之处

（1）测算中国牧草产业和畜牧业的耦合协调度并分析其空间格局状况。一方面，目前学术界对产业间耦合协调度的研究主要集中在对旅游业与文化产业、茶产业与旅游业、高技术产业与传统产业、农业与旅游业、纺织产业与信息产业等，对牧草产业和畜牧业耦合协调度的测算及空间格局的分析，公开发表文献较为少见；另一方面，目前国内关于牧草产业和畜牧业耦合的研究重点围绕重要性和意义展开定性分析，尝试测算目前中国这两个产业耦合协调度及其空间格局状况的定量研究极为鲜见。因此，本研究内容既丰富了产业间耦合协调度的研究主题又首次尝试定量分析中国牧草产业和畜牧业的耦合协调度及其空间格局状况。

（2）基于大量农户跟踪监测数据和实地调研数据，对主要牧草和粮食作物的成本收益和生产效率进行比较分析，并对牧草生产者种植决策行为进行规范分析和实证研究。目前国内牧草产业微观数据较少，尤其是长期跟踪调研的农户数据十分缺乏，因此，本研究内容不但丰富了牧草产业经济研究的基础数据指标，而且基于长期跟踪调研数据对比分析主要牧草和粮食作物的生产效益还有利于农业生产者做出科学合理的种植决策。目前国内关于牧草产业的研究宏观描述多，微观求证少，基于调研数据实证分析牧草生产者种植决策行为在一定程度上也丰富了牧草产业经济微观研究主题。

（3）探究了不同类型牧草生产者的种植决策行为，较以往的相关研究更为深入具体，研究视角更为丰富。本研究基于牧草生产者微观调研数据，研究牧草生产种植决策行为中“种多少”和“未来还种不种”这两个决策行为阶段，其中关于“种多少”决策行为的研究重点考虑风险规避视角下的牧草生产者种植决策行为，同时探究了不同生产规模、不同经营类型的牧草生产者在“种多少”决策阶段影响因素的差异性；关于“未来还种不种”决策阶段的研究重点考虑了生产者预期、政策环境、生产自身和经营特征、产业生态条件等方面的影响因素，同时也比较分析了不同生产规模、不同经营类型牧草生产者在“未来还种不种”决策阶段影响因素的差异性。

第二章　理论基础和分析框架

2.1　概念界定

2.1.1　牧草和牧草产业

“牧草”在《草业大辞典》中的定义为：“以草本植物为主栽培的或野生的饲用植物，包含可供饲用的半灌木、灌木、小乔木，是饲用植物的总称；牧草中栽培型为主的饲用植物称作饲草或饲用作物，全株玉米和饲用高粱都属此类。”除特别标明外，本研究中的牧草主要指栽培型饲草，重点包括苜蓿、青贮玉米、燕麦等。

“牧草产业”在《中国草业史》中的定义为“以天然草地和栽培草地资源为基础，从事资源保护利用、植物生产和动物生产及草产品加工经营，获取生态、经济和社会效益的基础性产业。”在农业多功能理念和可持续发展思想的影响下，人们对草地资源的理解更加深刻，牧草产业的内涵得到了极大的延展。总体而言，牧草产业的核心是进行绿色植物的生产、加工，以满足经济生产的物质需求，是现代农业产业体系的重要组成部分。

2.1.2　牧草生产者

在对牧草生产者的概念进行定义和阐述之前，需要先说明农业生产者的概念。伴随着工业化和城市化的进程，农民的角色从自然经济制度下的先赋身份逐步转变为市场经济制度下的职业角色（何增科，2005)。“农民”概念在内涵和外延上发生了巨大的变化（翁贞林，2008)。一些过去完全从事农业生产经营活动的农民不再从事农业生产经营，原先完全不从事农业生产经营的个体加入到农业生产当中。因此，农业生产者的定义是：“从事农产品生产，充分利用市场机制、规则和拥有的生产要素作为获取报酬的手段，以实现利润最大化为目标的理性经济主体”（邓远远，2018)。由此，本研究的牧草生产者的定义是：“从事牧草种植，充分利用市场机制、规则和拥有的生产要素作为获取经济效益的手段，以实现利润最大化为目标的经济主体”。因此，在本研究中牧草生产者和牧草种植者具有相同含义，有时会互换使用。

2.1.3　生产行为

生产行为是指在生产者在一定的社会经济、自然资源、政策环境以及文化传统等条件的约束下，为实现生存或发展目标而进行的系列与生产相关的行为选择。具体到牧草生产者而言，其生产行为阶段包含种植决策、田间管理、销售决策等阶段，本研究聚焦牧草生产者的种植决策，种植决策又可进一步划分为“种不种”“种什么”“种多少”“未来还种不种”等决策阶段。鉴于数据可得性等原因，本研究重点关注牧草生产者种植决策中的“种多少”和“未来还种不种”两个阶段，“种多少”主要是指牧草种植面积，“未来还种不种”主要指牧草种植意愿。

2.2　农户行为理论

农户行为是指农户以满足自身需要为前提并确定一定时期内（通常是一个农业生产周期）所要达到的目标后，为了实现这个目标而在生产和消费过程中所做的决策。决策是指一个人、一个团体或一个组织确定要做出的选择或判断，收集和评估关于备选方案的信息，并从备选方案中进行选择的过程。理解决策过程需要理解人类行为。农户的种植决策属于农民这一群体的经济行为，符合经济学只研究群体行为而不研究个体行为客观要求（孔祥智，1999）。因此，本节从主要观点（研究假说）、假设条件和理论预言等方面简要介绍经济学中关于农户行为的几个经典理论。

2.2.1　舒尔茨的农户行为理论

20 世纪 60 年代初，舒尔茨在其《改造传统农业》一书中提出“在传统农业中，生产要素配置效率低下的情况是比较少见的”，即著名的“有效而贫穷”假说，并使用人类学家对危地马拉的印第安人社会和印度的一个农业社会的记录资料对其假说进行了验证。他认为传统农业中的农户的所有生产要素都得到了充分利用，是有效率的。该理论隐含的一个最重要的假设条件是存在竞争性市场，这就将农民经济理性引入了经济学。在这之前，研究传统农业的文献总是把农民看作愚昧、落后和缺乏理性的主体；在此以后，大量文献从理性小农的假设出发，研究农户经济行为，探讨隐藏在农民生产决策背后的逻辑，而不是简单地将农民视为“非理性”“落后”的群体（艾利思，2006）。就单个生产单位来说，效率和利润最大化是一体两面，因此就该理论的预见而言，在传统农业经济体系中的农户与资本主义企业主在追求利润和对产品与要素价格变动的反应上是一致的，都会对市场信号做出积极反应，都是利润最大化的追求者（孔祥智，1999）。需要强调的一点是，农民对市场信号的反应程度和追求利润最大化受到资源禀赋、市场运行条件约束的同时还要与家庭其他目标进行权衡。

2.2.2 恰亚诺夫的农户行为理论

20世纪20年代，恰亚诺夫建立了分析俄国农民家庭经济行为的农户模型，中心问题是“农民在农业劳动与闲暇之间的选择”，通过农民对家庭劳动的主观评价，强调家庭规模与家庭结构对农民经济行为决策的影响，即农户家庭的人口规模和人口结构决定农户消费需求进而影响农民的经济行为决策，因此随着家庭中总人口数量和待供养的人口数量的增加，为满足增加了的家庭消费需求，农户会选择投入更多的劳动。恰亚诺夫构建的农户模型的一个特点是考虑到了农户具有生产者和消费者的双重身份，而不是像舒尔茨理论中那样，仅仅考虑了农民的生产者身份。恰亚诺夫将农户的消费决策纳入农户模型的分析框架，认为小农的农业生产行为决策追求的是家庭消费的最大化，而不是如企业家那样追求利润的最大化，并基于以下若干基本假设构建了农户模型：①不存在劳动力市场，即家庭既不雇佣外部劳动力也不从事非农工作获取工资收入；②只要愿意，每个农户都可以自由的获得土地；③农业产出可以用于家庭消费也可以出售，并且按市场价格估值，即存在竞争性产品市场；④家庭生产的动机部分的取决于社会可接受的最低物质收入水平（艾利思，2006）。

2.2.3 风险规避型农户行为理论

农业生产存在着诸多不确定性，对于发展中国家的农民而言，自然风险、市场波动、社会不确定性以及国家行为与战争是影响农户经济决策的四个最主要的不确定性（艾利思，2006）。不确定性会导致农民在微观生产中的最优决策不再是利润最大化，不确定性也会导致农民生产决策趋向保守，同时不确定性还是间作等农业现象产生的重要原因。不确定性和风险有所区别但是二者在经济分析中又密不可分。不确定性是对农民生产决策环境的描述性概念，不确定性和概率无关；风险是农民在面对农业经济决策中对各类不确定事件发生的可能性的主观概率。面对各种不确定性农民会根据自己的主观判断来确定不同的风险程度。风险分析的基础是“决策者对发生不确定事件的个人感觉强度和对其潜在后果的个人估价”（Anderson et al.，1997）。因此这样的风险分析也就是植根于经济学中效用最大化的概念里。效用最大化是新古典经济理论的基础，含义是决策主体在面对互不相容的选择时，会根据自己的个人目标做出使自己个人的“福利”或“幸福”达到最大的选择。如果决策主体对不确定事件及其后果有自己主观判断，他在选择决策时将追求预期效用最大化。预期效用理论使我们有可能建立起形式化的风险分析的经济学理论，即决策理论。为了与预期效用理论保持一致，预期效用理论假设个人在不同的可能性面前，具有逻辑一贯的偏好顺序。预期效用理论的核心概念是确定性等价。通过这个概念，风险程度不同的各种选择才可以相互比较，并且可以根据决策者的个人偏好顺序来选择。预期效用是收益产生的效用用各事件发生的主观概率加权的总和，因此，预期效用最大化的标准表示是，所选择的行动应当是在考虑了个人对这些行动所涉及的风险的判断后，能够最好地满足个人对收益的偏好。农民是风险规避型的，尤其是贫困农民必然回避风险（Ipton M，1968）。风险规避的态度必然会影响农户的生产决策，其决策的结果和以利润最大化为决策目标的决策结果是不同的。在考虑风险的条件下进行决策所使用的两个主要模型分别是冯·诺依曼（Von Neumann）和摩根斯坦（Morgenstern）提出的期望效用模型以及萨维奇（Savage）的主观效用模型。

2.3　本研究的分析框架

2.3.1　农户种植决策行为的理论分析

上述理论在当时的社会背景、环境和技术条件下，具有相当的正确性。这些理论对农户生产行为分析是建立在农户独立决策的基本假设基础上的，即：市场价格影响着农户的生产决策。但是，杨志武、钟甫宁（2011）认为农户的独立决策是有条件的，中国的小农是不是真正的独立决策者有待于进一步验证；对于国外的农场主来讲，他们的生产决策是以市场为导向，不会考虑其相邻地块的种植决策，他们是真正的独立决策者。因此，杨志武等（2011）认为在追求利润最大的化的同时应该考虑农户的决策与周围人决策的影响。发展中国家，农户在做决策时面临着一系列的约束，比如市场不完善等。20 世纪 80 年代中国农村改革确立了农户在农村经济运行中的微观经营主体地位，其基本特征是经济单元与社会单元的统一性以及其生产和消费的不可分性（孔祥智，1 999）。中国农户具有小农特征，其生产仍处于半自给、半商品化阶段，既是生产者又是消费者，还是劳动力的供给者，其生产、消费和劳动力供给决策都是相互制约的，因此，不可分的农户模型为在市场不完善的情况下分析农户微观经济行为提供了一个合适的理论分析框架（张林秀，1996；陈和午，2004；张瑞娟等，2014）。在发展中国家，农户的生产和消费决策往往是相互依赖的，因为农户的劳动是农业生产的重要投入，农户农业活动的收益是农户用于消费时所拥有财富的重要组成部分（Amacher G S et al.，1999）。农户模型基于农户理论（Ellis F，1993；Singh I et. al. 1986）和关于采用农业创新的文献（Feder G et al.，1985）。在这个理论中，家庭农场在一组自产农产品（Cf）、一些外购消费品（Cnf）和休闲（l）的消费上使效用最大化（U）。农户的效用源于多种消费组合，其水平取决于家庭成员的偏好（Ω_{HH}），其偏好由家庭成员的年龄或教育程度、财富等特征决定。假设农户可以进行独立的种植决策，其行为目标是追求家庭效用最大化，通过消费不同的产品获得最高水平的效用。此外，农户种植决策的农户模型还要满足如下假定：①存在劳动力市场；②在所研究的生产周期内农户的可用耕地数量是不变的。

考虑一个代表性农户，在一个生产周期内其行为的目标函数为：

$$\max U = U(C_F, C_{NF}, I; \Phi) \tag{2-1}$$

式中，U 代表农户的效用；C_F 代表农户自己生产和消费的产品；C_{NF} 是农户从市场购买的商品；I 是农户对闲暇时间的需求。农户效用源于多种消费的组合，同时效用水平也受到农户家庭人口特征等因素的影响，Φ 代表影响农户效用的人口学或者其他对效用来说很重要的特征。U（…）是增函数，且其所有的参数都是凹的。

假定农户生产的总产品数量为 Q，$Q-C_F$ 代表农户进行销售的产品数量，这个差值可能是正的，可能是负的，也可能是零值，这取决于农户是产品的净销售者，净购买者，还是自给自足者。农户的目标函数要受到生产能力限制，在给定的技术水平和农地物理条件下，农户的生产函数如下：

$$Q = F(a, K_F, L_F, X_F, \Psi_F \mid A, \Omega_B) \tag{2-2}$$

式中，a 代表 m 种作物每种作物的比例（$\sum_{i}^{m} a_i = 1, i = 1, \cdots, m$）；$K_F$ 表示固定资产投入；L_F 为劳动力，表示用于农户生产的劳动力时间投入，包括自有时间和雇用时间，即既包含自有劳动力（L_{FF}）又包括雇用劳动力（L_{FH}）；X_F 为农户生产中除了劳动力外其他的投入；Ψ_F 为影响农户生产的其他变量；A 和 Ω_F 分别表示在固定的生产技术下，在 m 种农作物种对耕地资源的配置面积以及农场固定的地理条件。农户的生产函数假定为递增的且其所有的参数均为凹的。

农户劳动力的分配选择要受到农户生产总劳动时间的限制，假定 T 为农户生产总时间，L 为农户拥有的总劳动时间，因此目标函数要面临的时间约束如下：

$$L=T-1，其中 L=L_F+L_W \quad (2-3)$$

式中，L_W 为农户为了赚取工资而从事的非农工作的劳动时间配置，可能是正值也可能是零值。农户的目标函数除了受时间约束以外，还要面临现金收入约束或称为支出限制，生产周期内单一决策期间的全部收入由农产品生产带来的农场净收益和其他对于农产品生产来说的外生性收入构成，包括转移支付等。因此农户目标函数面临的现金收入的约束条件如下：

$$P_F(Q-C_F)-P_XX_F-\omega L_{FH}+I=R_{NF}C_{NF} \quad (2-4)$$

式中，P_F、P_X、R_{NF} 分别是农产品、投入品和市场购买品的价格；ω 为雇用劳动力工资水平；ωL_{FH} 是指农户用于支付雇用劳动力的支出。

除了上述生产条件、时间约束和现金收入的限制外，农户生产和消费的决策还会受到其他限制，比如市场、制度、政策等因素，这些因素可以被表述成外生变量 Ω_M。当农户的生产和消费是不可分时，在对式（2－1）至（2－4）进行一些处理后，农户的最优选择可以写成是所有价格、收入、生产特征等的函数，该函数的简化形式如下：

$$\Gamma^*（P_F，A，\Phi，\Omega_F，\Omega_M）$$

2.3.2　牧草生产者种植决策行为分析框架

通过理论分析可知农户的种植决策是生产特征、市场、时间约束等的函数，已有文献研究也表明与农民和农场有关的特征、经济因素、制度和政策因素、生物物理因素（农业生态）因素影响着农户的种植决策。基于上述理论分析和已有研究成果，本节内容尝试构建了本研究的分析框架，详见图 2－1。牧草产业发展状况和畜牧业发展状况决定着草畜产业耦合协调度水平的高低，草畜产业耦合协调度水平及其空间格局分布影响着牧草产业市场发育情况，牧草生产者做出种植决策时会重点了解市场行情。同时，作为粮食的竞争作物，牧草生产经济效益和粮食生产经济效益现状以及两类作物经济效益水平的高低必然也会影响着生产者的种植决策。此外，生产者个人及家庭特征、生产经营特征、产业生态条件和政策环境也是影响牧草生产者种植决策的重要因素。

就生产者个人及家庭特征而言，户主的年龄和教育程度等会影响其在生产和消费决策中的偏好，农民的务农经验和教育（正式教育和农业培训）是影响农户种草决策的重要特征，农民种牧草的可能性也取决于他们的态度和看法，例如对牧草促进农民总体目标的可能性的可行性和价值的感知（Pannell D J，1999）。更重要的是农业生产系统中的感知风险（Mahapatraa K et al.，2001）。就生产经营特征而言，由于牧草作为牲畜饲料的良好品质，饲养牲畜的家庭更有可能在种植牧草（Salam M A et al.，2000）；一般来说，耕地生物物理生产条件越差（用于粮食作物生产的土壤肥力差或极易受到侵蚀的地块）越可能被用来种树或种草（Pattanayak S K et al.，2003）。就产业生态条件而言，现有生产资源供应程度被认为是影响农民种植决策的重要因素，如 Gilmour DA（1995）关于尼泊尔农民对植树行为模型估计结果表明，越临近树木和森林资源，农民投入土地和劳动力种树的可能性越小；附近森林资源木材供应不足、采集时间长、采购成本高的地区有望对农民的植树决策产生积极影响；此外，周围农户的种植行为也可能会影响生产者种植决策。就政策环境而言，政策因素包括农业推广服务和信息来源、关于农业生产的相关政策等，农民与推广机构接触的频率在非正式教育的获得中是重要的（Salam M A et al.，2000；Adesina AA et al.，2002），因此，农业推广服务对农民的种植决策产生影响。本研究以上述理论综述和图 2-1 的分析框架为基础，对中国牧草生产者牧草种植决策展开研究。

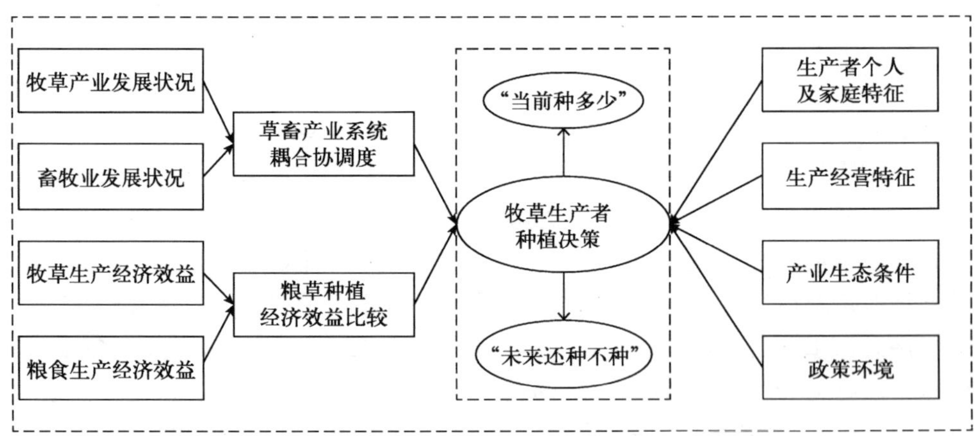

图 2-1　中国牧草生产者种植决策研究概念框架图

第三章 中国牧草产业的历史演进与现实约束*

3.1 中国牧草产业发展的历史阶段及政策变迁

3.1.1 萌芽时期（1949—2007年）

新中国成立初期，草业发展尤其是牧草种子的引进、繁育工作受到一定重视，但为解决粮食增产问题，开垦荒地（包括草原）扩大耕地面积成为当时的主要政策（洪绂曾等，2011）。至20世纪80年代，过去几十年的农耕、采、挖等活动，深度损坏了草原生态系统（任继周等，2016；董世魁等，2018），牧民生产生活受到严重影响。为了加强牧区经济建设，1987年全国牧区工作会议提出，建设草原、发展草业并建立育草基金。但是过去数十年"重生产利用、轻生态保护"的政策导向，已致使草原出现不同程度的退化并以每年200万公顷的速度增加（任继周等，2016），20世纪末全国草原产草量较20世纪50年代下降30％～60％（王关区，2006）。21世纪初，沙漠化逼近北京，为遏制其扩展趋势，2000年国家启动实施"京津冀风沙治理工程"；同年，提出西部大开发战略，国务院西部开发办将绿化荒山荒地，对坡耕地退耕还林还草列为工作重点之一。2002年国务院发布《关于加强草原保护与建设的若干意见》，2003年退牧还草工程正式启动。2005年发改委等五部委印发《关于进一步完善退牧还草政策实施若干意见》，继续在试点省区推进退牧还草工程。2006年国家从退牧还草工程中安排部分资金用于西南岩溶地区草地治理，主要进行草地改良、人工种草等。

这一时期，中国牧草产业的发展特点是人工草地建植与经营起步，政策上被纳入草原生态保护的政策框架内，无直接具体的扶持策略。虽然中西部地区兴起了一批牧草生产和加工企业，但随着国内外粮食供求关系日益复杂，为保障国家粮食安全，2004年以来，在全国范围内实施的粮食直补政策，增强了农

* 本章内容发表于《农业经济问题》2019年第5期。

民种粮积极性，削弱了牧草产业发展势头，部分省区出现“毁草种粮”现象（王明利，2010）。总体而言，牧草产业在经历了短暂的兴起后陷入发展艰难期。

3.1.2 成长时期（2008—2014 年）

2008 年“三聚氰胺”事件爆发后，全社会开始认识到发展牧草产业对于草食畜牧业尤其是奶业的重要性。国家将牧草纳入现代农业产业技术体系，首次将牧草作为一个产业提供研发支持（王明利，2018）。为彻底解决奶业质量安全问题，2012 年中央 1 号文件决定启动实施“振兴奶业苜蓿发展行动计划”，为配合行动开展，中央财政安排补助资金实施高产优质苜蓿示范建设项目。同时，为推进牧区发展、加强草原保护建设，国家发改委等三部门联合印发《关于完善退牧还草政策的意见》，增加了舍饲棚圈和人工饲草地建设内容，提高了围栏和补播的中央补助标准。为合理开发和利用南方草山和草地资源，2014 年财政部、农业部联合出台《南方现代草地畜牧业行动计划》，项目主要建设内容包括天然草地改良、优质稳产人工饲草地建植、草畜产品加工设施设备建设等。同年，国家启动了新一轮退耕还林还草工程。

这一时期，中国牧草产业的发展特点生产规模和集约化程度逐步提高，草产品市场流通加快；政策上不再仅被作为草原生态保护政策的附属内容，而是逐渐获得了针对性的政策扶持和直接的项目支撑。通过开展“振兴奶业苜蓿发展行动”和“南方现代草地畜牧业推进行动”，以及实行新一轮退耕还林还草等系列工程，我国人工种草面积持续增长，牧草多种生产经营模式不断涌现，牧草企业（基地）快速发展。总体而言，牧草产业由萌芽期步入成长阶段。

3.1.3 快速发展时期（2015 年至今）

随着我国农业结构转型求和食物消费结构升级时代的到来，牧草产业迎来了新的历史机遇。2015 年中央 1 号文件提出：“加快发展草牧业，支持青贮玉米和苜蓿等饲草料种植，开展粮改饲和种养结合模式试点”。随后，国家启动以全株青贮玉米收购为主的粮改饲试点工作。同时，在河北等 12 个省区的 37 个县（团、场）组织开展了草牧业试验试点。2016 年农业部印发《关于促进草牧业发展的指导意见》明确提出，“继续扩大粮改饲试点实施范围和大力推进草牧业试验试点，建设现代饲草料产业体系”。同年，财政部等八部门印发《关于扩大新一轮退耕还林还草规模的通知》，要求从 2016 年起扩大退耕还林还草规模并重点向贫困地区倾斜。2018 年中央 1 号文件提出，要进一步扩大还林还草、退牧还草。

这一时期，中国牧草产业的发展特点是走向与畜牧业协同发展的产业融合之路；政策上获得了直接支持，实现草的生产和生态功能并重。顺应了当前生态文明建设和农业绿色发展的大趋势，有助于满足消费者对优质、安全畜产品的需求和增强畜产品国际竞争力。草牧业概念和“粮改饲”政策的提出，开启了我国牧草产业发展的新纪元。我国牧草年末保留面积、人工种草面积、商品草的生产规模和生产效率均呈现上升态势。总体而言，我国牧草产业迎来了快速发展的时期。

3.2　中国牧草产业发展成就

3.2.1　生产形势总体向好，种植结构不断优化

在政策推动和市场需求引致下，我国牧草产业发展取得显著成效。据《中国草业统计》显示，2017 年我国牧草年末保留面积为 29 557 万亩，人工种草面积为 18 034 万亩，牧草产量为 17 594 万吨，分别较 2001 年增加 16.65%、24.93%和 99.49%。2017 年我国苜蓿商品草的生产面积和产量为 626 万亩和 359 万吨，分别较 2001 年增长了 3.18 倍和 3.72 倍。苜蓿商品草的生产效率亦有提升，2017 年单产较 2001 年增加 82.25 千克/亩，上涨了 16.75%。草产品加工企业登记数量不断增加，截至 2017 年底，全国已登记的草产品加工企业 533 家，年加工草产品 732.7 万吨，同比增长 35%，加工产品类型包括草捆、草块、草颗粒、草粉及其他草产品，其中草捆占比最高。

我国商品牧草种类包括紫花苜蓿、羊草、青贮玉米、饲草燕麦、披碱草、狼尾草、多花黑麦草、红豆草、高丹草、菊苣等共计 20 余种。牧草品种间种植结构持续优化，苜蓿、青贮玉米和羊草三大重要商品草稳步发展的同时，各地因地制宜发展符合本地实际的牧草品种，燕麦草等生产得到进一步重视。2017 年羊草、青贮玉米和燕麦的生产面积分别为 790 万亩、186 万亩和 96 万亩，分别较 2001 年增长 25.48 倍、930.00 倍和 80.00 倍，三者占全国商品草总生产面积比重分别由 2001 年的 11.35%、0.07%和 0.43%增长到 2017 年的 39.46%、9.29%和 4.79%。此外，牧草品种内种植结构亦有所改善，以紫花苜蓿为例，我国已具备一定的苜蓿优级/特优级商用草产品生产与加工能力，每年可向市场提供特优、优级和一级优质苜蓿 50 万吨，可以弥补由于进口的不足所造成的短缺空间（卢欣石等，2018），并且形成多个优质品牌，如亚盛田园牧歌、成都大雁、草王、杨柳青和贺兰山等。

3.2.2 生产技术水平有所提高，产业基础逐步夯实

良种、机械是生产技术体系的重要内容。优良品种培育和供应是牧草产业发展的基础。我国草品种审定登记数量稳定增加，1987—2017 年共审定登记 533 个新品种，平均每年审定通过 17 个（毛培盛等，2018）。种子产量增幅明显，2017 年全国牧草种子田面积 146 万亩，同比增加 15.6%；种子产量为 8.4 万吨，其中种子田生产 7.1 万吨，分别同比增加 7.9%和 0.1%。同时，在育草基金项目、《2017 年种养业良种工程中央基建投资预算（拨款）》《种养业良种工程 2018 年中央预算内投资计划》等项目支持下，牧草良种工程持续推进，种质资源保护、利用和育种创新能力有所提高；项目投资的种子基地基础设施、牧草种子加工、监测设备等有效增强了种子生产和加工能力。此外，国家积极推动种业对外开放，取消或放宽种业行业外资准入门槛，不断提升牧草种业对外开放水平。

牧草机械生产能力进一步加强。2017 年全国牧草收获机械保有量 18.60 万台，同比增长 1.36%；饲草加工机械保有量 634.61 万台，同比增长 1.83%；2017 年全国机械播种牧草面积 1 194.50 万公顷，同比增长 2.90%；机械收获牧草量和机械收获饲草秸秆量虽略有下降，仍分别达到 5 289.98 万吨和 26 271.40 万吨；机械化饲草料加工数量 31 542.66 万吨，同比增长 0.28%①。此外，部分地区生产环节机械化程度较高。笔者在调研中了解到，在内蒙古、宁夏、黑龙江等牧草生产优势区逐步形成系列专业牧草种植收获服务组织，可提供牧草生产整地、播种、打药、收割、打捆、青贮、运输等全过程服务。

3.2.3 发展方式不断创新，多种经营模式涌现

牧草产业经营模式日渐丰富。新中国成立至 20 世纪 80 年代我国牧草生产主要以满足自有家畜为目的，无草产品流通，经营主体为集体或农户。随着"草业"概念与理论的广泛传播以及建设人工草地的政策利好，20 世纪 90 年代初期开始出现以苜蓿研发、产品经营为主的草业公司或中心；90 年代末则出现以苜蓿生产加工为主的企业，部分企业采用"公司＋基地＋农户"的模式，开启了苜蓿产业化生产时代（孙启忠等，2013）。但这一时期大多数企业和农牧户之间处于一种不规范的松散联系状态，一体化经营机制尚未真正形

① 《2017 年全国农业机械化统计年报》。

成，生产、加工、运销等环节互相脱节，产业链短，增值层次低（张正河，2013）。步入成长时期和快速发展阶段的牧草产业，组织化程度及规范化水平均有所提升。根据课题组调研数据显示，65.46％的牧草生产者加入了产业化经营组织或专业合作社，这些生产者中与养殖企业或合作社签订相关协议的占比45％左右。同时，经营模式方面，除最初阶段的“公司＋基地＋农户”外，还涌现出很多其他模式类型（表3－1），有效丰富了牧草产业的发展方式，延长了产业链条，带来了一定的经济、生态和社会效益。

表3－1　牧草产业主要经营模式类型一览表

模式类型	主要做法	典型地区/案例
大规模集约化商品草生产基地	以县域为单位，把牧草产业作为地区经济发展的主导产业进行培育。阿旗通过配套小草库伦等形式建设饲草料基地，牧草种植面积达100余万亩。定西市制定出台了《安定区草产业发展规划》，助力牧草产业快速发展，建立了100余万亩的饲草料基地	内蒙古阿鲁科尔沁旗 甘肃定西市
多种形式合作化的牧草生产经营模式	采取合作带动方式，形成“龙头企业＋合作社＋农户”的专业化牧草加工企业、“能人＋农户”“合作社＋农机服务队＋农户”的中小规模牧草生产主体等	甘肃民翔牧草有限公司 定西亿邦农牧民专业合作社
经济目标与生态目标耦合的经营发展模式	通过养殖企业与种草主体紧密联合形成就地转化的种养结合式经营。关岭县依托地方特色畜种，由县财政出资建立关岭牛投资发展公司，乡、村分别配套建立投资公司和合作社，联合农户集中连片种植，保障饲草供给，提高养牛经济效益；同时，牛粪出售给周边种植户还田。内蒙古正时农业通过种草养牧、粪污养蚓、蚓粪做肥、肥料还田种植牧草形成企业内闭环式经营	贵州关岭牛投资发展有限公司 内蒙古正时生态农业（集团）有限公司

资料来源：根据公开发布资料以及课题组对内蒙古、甘肃和贵州等省区的调研后总结提炼。

3.2.4　综合效益逐步显现，种养积极性得到提升

牧草种植总体经济效益向好。一是经济效益向好，提高了农户种植牧草的积极性。二是种草养畜结合降低了饲喂成本，提升畜产品质量，为养殖业带来

效益。据王明利（2015）测算，在一个泌乳期单产5吨以上奶牛的日粮中添加3千克苜蓿，每日可减少1～1.5千克精料，日产奶量可提高1.5千克，原奶质量提高一个等级，且奶牛发病率降低，整个饲养过程疫病防治费用可减少1 000元左右。宁夏“粮改饲”试点地区通过建立草畜配套生产模式，使奶牛场全株玉米青贮普及率达100%，奶牛群实现高产稳产，肉牛肉羊场全株玉米青贮利用比例达30%，部分地区甚至达到55%；肉牛和肉羊平均日增重分别提高0.38千克和0.05千克，畜牧业间接增收超过20亿元①。同时，作者在调研中了解到，山西省朔州市利用推进草牧业试验试点的机会，开展了“十万吨苜蓿行动计划”，供给5万头奶牛日粮，据测算，2018年平均每头牛养殖总成本节约1 200元，为当地养殖业间接创收6亿元。

种植牧草具有显著的生态效益。一方面，种植牧草可以改良土壤、培肥地力，同时有利于水土保持。以苜蓿为例，连续生长三年紫花苜蓿的土壤，每公顷产根系9吨左右，每公顷根瘤菌固氮135～225千克（毛吉贤等，2009；王明利，2015）。同时，苜蓿发达的根系能防止水土流失，当农田冲刷量为100%时，苜蓿等草地的冲刷量仅为6.10%，减少流失量93.90%（阿力甫·提力娃，2011）。另一方面，牧草种植面积的增加，有助于提升植被覆盖度。据统计，2017年全国草原综合植被覆盖度达到了55.3%，较上年提高0.70个百分点②。

发展牧草产业还有助于精准扶贫，释放社会效益。河南依托贫困县饲草、秸秆资源丰富的特点，实施特色产业推进工程，着力推动贫困地区“一县一业”“一乡一品”“一村一特色”产业发展行动，结合牧草产业，积极推广畜禽养殖脱贫模式，取得良好效果③。部分地区积极推动“粮改饲”与精准扶贫相结合，如甘肃定西把牧草产业培育为脱贫的主导产业，进一步扩大饲用青贮玉米种植面积，鼓励农户种植牧草、养殖草食家畜，拓宽了贫困户增收渠道，发挥了较好的社会效益。

3.2.5 已经成长为一个日益重要且不断壮大的农业产业

牧草产业具有显著的经济生产功能和生态服务功能，对我国食物安全和生

① http：//www.xinhuanet.com//fortune/2019—01/27/c_1124048688.htm

② 《中国草业统计》。

③ 国家牧草产业技术体系：《2019年牧草产业发展趋势与政策建议》。

态安全发挥着日益重要的保障作用。第一，牧草产业引入农业生产系统中，提升农业的生产效率。草食家畜以草为主食，同样一亩耕地种草产出的营养当量是种粮食的3～5倍（任继周，2009）；给奶牛等草食家畜供应足量的优质牧草，可有效提升畜产品的质量安全性，提高有效产量①所占的比重；对草食家畜来说，给母畜提供足量的优质牧草，可有效提升其繁殖生产性能，降低发病率。第二，牧草产业引入农业生产系统中，改善了农业的生态环境。当前我国耕地土壤环境质量堪忧，点位超标率达19.4%②，严重危害生态安全。发展牧草产业可有效降低土壤毒素、增加土壤有机质含量，从而改良土壤质量；许多多年生牧草的大面积种植，对降低水土流失、缓解土壤沙化具有独到作用。

牧草产业尽管在国内起步较晚，但已成长为一个不断壮大的农业产业。我国将牧草真正作为一个产业来对待，也只是21世纪初的事情，特别是自2008年发生“三聚氰胺”事件以后，才真正从国家层面来决策牧草产业的发展（王明利，2010）。尽管发展时期较短，但成长较快。据统计，2017年我国商品草的生产面积和总产量分别较2001年增长7.33倍和6.83倍；商品草加工企业533家，专业合作社242家，同比增长43.50%。可以预见的是随着牧草产业的快速发展，未来规模化和集约化程度较高的专业化牧草生产经营企业将大量出现，对我国农业发展的突出贡献将进一步显现。

3.3 中国牧草产业面临的现实约束

3.3.1 传统种养观念改变困难，牧草产业发展重要性尚未得到充分认可

当前，传统种养观念仍占据主导地位，无论是牧草生产者、养殖者还是部分政府管理者，对草产业的认识还不到位，重粮轻草、重林轻草现象普遍存在。一是受传统农耕思想影响，大多数种植户，尤其是年龄较大的种植者，对粮食作物有着天然的偏好，笔者在山西朔州和怀仁、山东烟台和滨州等地实地调研了解到，许多年龄较大（60岁以上）的种植户2018年选择收获籽实玉米而不是青贮玉米的原因是“棒子长势好，籽粒饱满，看着喜人，觉得收青贮可惜”。二是“秸秆畜牧业”观念一直存在，很多养殖户仍然遵循传统的“精

① 这里的有效产量是与无效产品产量对应的。所谓无效产品是指由于产品质量安全性不高或在市场上不适销对路而被淘汰的产品。

② 《全国土壤污染状况调查公报》。

料+秸秆”方式饲喂草食家畜，没有意识到优质牧草才应是它们获取蛋白的最主要来源。在朔州市畜牧局访谈中了解到，如果改用苜蓿育肥肉羊，一只羊可节约100元的生产成本，且少长2千克脂肪。三是在一些政府管理者观念中，仍认为“种草会影响粮食生产”“种树比种草节水”。新一轮退耕还草每亩补贴较退耕还林少500元，在无强制规定情况下，逐利心理自然会驱使农民选择退耕还林。

3.3.2 产业科技力量储备不足，核心领域关键技术对外依存度高

虽然国内牧草种质资源研发和应用进程不断推进，但我国优质草种对外依赖度依旧很高，草种进口量持续增长，2017年苜蓿、三叶草、羊茅及黑麦草种子进口量分别达到1 237吨、2 932吨、15 202吨和31 279吨。长远来看无自主知识产权的草种必然制约产业发展。并且国外优质牧草品种往往不如国产牧草品种适应性强，多数生产者反映部分国外优质苜蓿品种越冬性较差、持续性不强。因此，急需培育出适应我国不同地区、不同气候条件下的优质国产牧草品种。同时，我国缺乏现代化牧草种子生产、清选专用技术和设备，缺乏规范化、专业化的国产牧草种子质量监督认证体系，因此国产种子产量低、质量差且病虫害的发生和传播概率较高，所以，很多生产者宁愿购买价格高的进口种子（国家牧草产业技术体系，2015）。

我国牧草机械品种不断增加、数量不断扩大、质量有所提高，但是与发达国家相比，仍然存在较大差距，关键设备依赖进口。一方面，作业机械保有量不足。调研中了解到具有“中国草都”之称的内蒙古阿鲁科尔沁旗，由于牧草收割设备数量不足，许多种植者只能排队等待，而紫花苜蓿从收割到入库需在7天内完成，且一茬苜蓿的成长期仅为1个月左右，这样的等待一定程度上影响了阿旗整体草产品的品质和下一茬苜蓿的生长。另一方面，国内牧草作业机械的质量有待提升。与克拉斯、爱科等国外机械相比，国产机械单机作业效率与耐用性差距仍然很大。国外牧草机械效率高、质量好但是价格也高，且不包括在当前牧草机械购置补贴目录中，许多种植者尤其是中小规模生产者只能望而却步，具有一定经济实力的企业才会选择购买进口牧草机械。

3.3.3 产业扶持政策力度不足，发力不够精准

牧草产业是弱质产业，同时兼具生产和生态功能。2008年以来，国家出台了系列扶持政策、实施了一批重点工程，在很大程度上助力了产业快速发展，但也存在一些需要改进之处，主要体现在扶持力度不足和与生产实际契合

度不够两个方面。在所接受的扶持力度方面，牧草产业不如粮食产业和林业。受粮食安全政策和种粮补贴措施的影响，地方政府和农民更偏向于粮食作物，因此发展人工种草的空间不断受到挤压。同时，新一轮退耕还林补贴每亩1 500元，而退耕还草每亩补贴1 000元，明显的利益差异，农民自然更愿意选择退耕还林，甚至是毁草种树。

此外，目前的扶持政策与生产实践存在脱节现象。比如，“振兴奶业苜蓿发展行动”的补贴政策存在“撒胡椒面”现象，这样容易弱化补贴执行效果。该政策目的是为了提高饲草供应量，因此应当聚焦到适宜种植苜蓿的地区，在这些地方做到应补尽补，一方面保障苜蓿生产，另一方面促进了牧草产业发展壮大。对于不适合种植苜蓿的地方，尤其是没有种植苜蓿草氛围的地区，盲目鼓励种植，并不会取得预期效果。另外，“粮改饲”政策的落实缺乏一定程度的弹性。该政策在品种上最早突出的是青贮玉米，因此很多地区在政策实施过程中，只补贴青贮玉米（王明利，2016），而一些地方的自然条件可能并不适合种植青贮玉米，更适合种植适应本地自然条件的地方牧草品种，过于突出一个品种并不利于产业的健康持续发展。

3.3.4　市场体系建设不完善，存在信息不对称现象

首先，牧草市场流通基础设施总量不足，严重缺乏现代化仓储与物流设施，导致草产品运输过程损耗大。其次，我国牧草市场缺乏质量标准和监管机制，无法保障产品优质优价，存在较为严重的信息不对称现象。由于产品质量标准体系不健全，大多情况下依靠产品外观估测其质量，以次充好、等级差价不明显、甚至混等收购等现象经常发生，生产者、运销者和消费者接受的价格信号实际上均较为模糊（国家牧草产业技术体系，2015）。与牧草产业发达国家存在较大差距。以苜蓿为例，美国苜蓿质量分为5级，即超优级、优级、一级、二级、三级，美国苜蓿生产者能够清晰地知道所种苜蓿的等级，且能较准确地估计供给价格；同时，苜蓿需求者非常熟悉市场，能够科学合理地评价市场上苜蓿的质量，根据质量等级给出相应的价格（汪武静等，2016）。

3.3.5　空间布局尚需优化，草畜结合力度仍待加强

我国牧草产业还面临草畜结合不紧密的现状，“有畜无草”“有草无畜”频现。调研中了解到，部分生产者缺乏种草养畜、草畜结合意识。如一些地区存在“重养殖轻种植”现象，致使从外调草或买草，增加了饲草料成本，降低了草畜产品竞争力，而另一些地区的情况恰好相反，需要向外销售牧草，增加交

易成本，削弱企业竞争力。有畜无草地区跨区域调草，抬高养殖成本，有草无畜地区愁销路，面临经济压力，虽然部分地区开通牧草运输绿色通道，但全面实施绿色通道任重道远，尤其是草捆、草粉、草块、青贮等草产品密度小、体积大、单位价值低、运输成本高，因此，推进草畜结合十分关键。

3.4 本章小结

本章系统梳理了新中国成立以来牧草产业发展的历史阶段及政策变迁，总结提炼了发展成就并深入挖掘了产业面临的主要挑战。研究结果表明，新中国成立以来，中国牧草产业共经历了萌芽期、成长期和快速发展期三个阶段。就发展成就来看，牧草产业发展形势整体向好，种植结构不断优化；生产技术水平有所提高，产业基础逐步夯实；发展方式不断创新，多种经营模式涌现；综合效益逐步显现，种养积极性得到提升；已经成长为一个日益重要且不断壮大的农业产业。但是同时，牧草产业要想实现持续健康稳定发展也面临着现实约束，主要表现在：传统种养观念改变困难，产业重要性未受到充分认可；产业科技力量储备不足，核心领域关键技术对外依存度高；存在信息不对称等市场体系建设不完善现象；扶持政策力度不足，发力不够精准；草畜结合力度仍待加强，空间布局尚需优化；等等。

第四章 中国牧草产业和畜牧业耦合协调度及空间格局分析

通过上一章内容我们对中国牧草产业发展的历史和现状有了较为全面的了解。牧草作为中间产品，供畜牧业进行利用转化，因此两个产业系统之间的耦合协调程度十分重要。耦合是指多个产业系统由于要素、运行机制等关键因素间的关联和相互作用，导致产业系统间出现彼此联合、相互影响的现象（Li Y F et al.，2012；翁钢民等，2016）；耦合度是对多个系统之间关联程度的一种衡量，耦合作用和程度决定系统在达到临界区域时走向何种序与结构（Jakob EB，2000；张芷若等，2019；丛晓男，2019）。系统耦合是大农业系统的必要属性，随着系统耦合过程的发生，系统内部的催化潜势、位差潜势、多稳定潜势和管理潜势得以发挥，从而显著提高系统的生产水平（任继周，1986，1994，1999）。新中国成立以来学术界对畜牧业和牧草产业系统耦合的研究材料最早见于任继周（1986）关于《草原生态系统生产效益的放大》一文，他指出通过人工种草和改良天然草地并对牧草营养物质加以保存和适当利用，并采用划区轮牧、家畜改良、季节畜牧业等方式可以使草原最终生产能力比初始生产水平高出 26.2～297 倍。其后的文献多见于定性分析牧草产业与畜牧业或种植业耦合的重要性及可能带来的影响（杨春等，2011；张英俊等，2013；任继周，2013，2014；王明利等，2015；李向林等，2016）。

国外学术界亦充分认可牧草产业和畜牧业耦合的重要性。如 Acar Z 等（2016）认为土耳其肉和奶的产量与欧洲国家相比很低的主要原因是缺少高质量的牧草，冬季时农民只用稻草和糠饲喂牲畜，所以建议将牧草引进农业作物轮作系统，增加高品质牧草的产量，进而提高肉、奶产量。部分研究结果表明，草畜系统耦合具有显著的经济效益、生态效益和社会效益。Mcnaughton S J 等（1997）在坦桑尼亚 Serengetii 国家公园所做的为期两年的观察对比实验表明，由野生动物与牧草耦合形成的“正反馈环”通过牲畜牧食行为可加速营养物质的可利用性，特别是在放牧地段土壤中的氮比率显著提高，因而加大了草地的载畜能力。Nguyen X B 等（2013）研究表明，种植牧草改善了越南中南部沿海地区肉牛养殖户的生计状况，农场研究和农民经验均表明种植改良牧草是肉牛养殖户提升年度饲料数量和质量的有益方式，此外，种植牧草还可以显著减少公共放牧地的压力，进而降低环境退化的速度。

总体来看，已有文献主要围绕牧草产业和畜牧业耦合发展的重要性、产生的效益等方面展开了诸多研究，研究方法以定性分析和描述性统计分析为主，为本研究奠定了良好基础。本章尝试采用修正的耦合协调度模型和空间统计分析方法，测算中国牧草产业和畜牧业两个产业系统耦合协调发展程度，并从空间视角分析牧草产业和畜牧业耦合发展的相关性和空间聚集效应。

4.1 研究方法与数据处理

4.1.1 修正的耦合协调度模型

耦合度的概念来源于物理学领域，后被引入社会科学研究，耦合度模型衡量产业系统间相互作用的强弱程度，在此基础上形成协调度评价分析，组合形成耦合协调度模型用以评价系统间的耦合协调发展水平（丛晓男，2019；Illingworth V，1996）。参考丛晓男（2019）研究可知，给定 n 个系统，用 $U_i \geqslant 0$ 表示系统 A_i 的系统评价值，则耦合度模型的一般化表达式为：

$$C(U_1, U_2, \cdots, U_n)=n\times\left[\frac{U_1\times U_2, \cdots, U_n}{(U_1+U_2+\cdots+U_n)^n}\right]^{\frac{1}{n}} \quad (4-1)$$

C 即为系统间的耦合度，式（4－1）具有零阶齐次性，表明耦合度具有无量纲，因此在实际应用中的系统评价值需要采用进行标准化处理后的数值，C 的值域范围为 0～1。在式（4—1）基础上构建的传统耦合协调度模型如下：

$$D=(C\times T)^{\frac{1}{2}}, \ T=\alpha U_1+\beta U_2+\cdots+\gamma U_n \quad (4-2)$$

D 为系统间的耦合协调度；C 为耦合度；T 代表各系统的综合协调水平；α、β 和 γ 分别代表系统 A_1、A_2 和 A_n 对协调水平的贡献程度，也可称作贡献系数，$\alpha+\beta+\cdots+\gamma=1$。前人研究大多采用主观赋值法决定 α、β 和 γ 的具体数值，本研究借鉴 Shen L Y 等（2018）的研究，采用协同理论对 α、β 和 γ 进行重新定义并计算，属于客观赋值，克服主观赋值可能带来的耦合协调度测算偏差。具体到本研究的对象，建立如下修正的耦合协调度模型：

$$D^*=(C\times T^*)^{\frac{1}{2}} \quad (4-3)$$

其中 $C=2\times\left[\frac{F\ (X)\times L\ (Y)}{[F\ (X)\ +L\ (Y)]^2}\right]^{\frac{1}{2}}$，$T^*=\alpha^*\times F(X)+\beta^*\times L(Y)$

D^* 代表牧草产业和畜牧业的耦合协调度，值域为 0～1；C 为牧草产业和畜牧业的耦合度；T^* 表示牧草产业系统和畜牧业的综合协调水平，F（X）和 L（Y）分别表示牧草产业和畜牧业的发展水平综合评价值。结合已往研究成果（Li Y F et al.，2012；He J Q et al.，2018），将牧草产业和畜牧业的耦合协调度发展情况划分为 4 个阶段，每个阶段可进一步细分为 3 种情况，最终形成 12 类如表 4-1 所示的发展分类情况。

表 4-1　牧草产业和畜牧业的耦合协调度分类情况

第一个层次	第二个层次		第三个层次	
协调发展阶段（可接受区间）	$0.7<D^*\leqslant 1.0$	高度协调	$F(X)-L(Y)>0.1$	畜牧业滞后
			$L(Y)-F(X)>0.1$	牧草业滞后
			$0\leqslant \mid L(Y)-F(X)\mid \leqslant 0.1$	畜牧业和牧草业高度协调
过渡发展阶段（过渡区间）	$0.5<D^*\leqslant 0.7$	勉强协调	$F(X)-L(Y)>0.1$	畜牧业滞后
			$L(Y)-F(X)>0.1$	牧草业滞后
			$0\leqslant \mid L(Y)-F(X)\mid \leqslant 0.1$	畜牧业和牧草业勉强协调
	$0.3<D^*\leqslant 0.5$	轻度失调	$F(X)-L(Y)>0.1$	畜牧业阻碍
			$L(Y)-F(X)>0.1$	牧草业阻碍
			$0\leqslant \mid L(Y)-F(X)\mid \leqslant 0.1$	畜牧业和牧草业轻度失调
失调发展阶段（不可接受区间）	$0<D^*\leqslant 0.3$	严重失调	$F(X)-L(Y)>0.1$	畜牧业阻碍
			$L(Y)-F(X)>0.1$	牧草业阻碍
			$0\leqslant \mid L(Y)-F(X)\mid \leqslant 0.1$	畜牧业和牧草业严重失调

4.1.2　空间自相关的度量方法

空间自相关分析有全局度量和区域度量两种指标，相应地最常用的度量指标莫兰指数有全局 Moran's I 和局部 Moran's I。全局指标用于探测整个研究区域的空间模式，使用单一的值来反映该区域的自相关程度；局部指标计算每一个空间单元与邻近单元就某一属性的相关程度（张松林等，2007）。本章采用全局 Moran's I 来检验中国省域牧草产业和畜牧业耦合协调发展水平的空间自相关性。全局 Moran's I 的统计公式为：

$$I = \frac{n\sum_{i=1}^{n}\sum_{j=1}^{n}w_{ij}(Y_i - \overline{Y})(Y_j - \overline{Y})}{S^2\sum_{i=1}^{n}\sum_{j=1}^{n}w_{ij}} \tag{4-4}$$

式中，I 为全局 Moran's I，Y_i 和 Y_j 分别表示第 i、j 个空间单元牧草产业和畜牧业的耦合协调度；n 是空间单元数量；$\overline{Y}$ 为牧草产业和畜牧业的耦合协调度的均值；w_{ij} 表示空间权重矩阵。Moran's I 的值域范围为［−1，1］，$I>0$，表示中国牧草产业和畜牧业的耦合协调度呈空间正相关性，I 值越大，空间相关性越明显，空间上呈集聚分布模式；$I<0$ 表示空间负相关性，I 值越小，空间相关性约弱，空间上呈离散分布模式分布；$I=0$，说明无空间相关性，空间上呈随机分布模式。

本章采用局部 Moran's I 来检验 i 省与邻近省区牧草产业和畜牧业耦合协调发展水平的空间自相关性，考察其空间集聚状态和位置。局部 Moran's I 的统计公式为：

$$I_i = \frac{(Y_i - \overline{Y})}{S^2}\sum_{j=1}^{n}w_{ij}(Y_j - \overline{Y}) \tag{4-5}$$

式中，I_i 为局部 Moran's I；S 为各省区牧草产业和畜牧业耦合协调度的标准差；Y_i、Y_j、n、$\overline{Y}$和 w_{ij} 含义同式（4—4）。局域 Moran's I 的取值范围不限于［−1，1］，正的 I_i 表示空间单元 i 与邻近单元属性值相似（高高集聚或者低低集聚），负的 I_i 表示表示空间单元 i 与邻近单元属性值不相似（低高集聚或高低集聚）（张松林等，2007；陈安宁，2014）。

4.1.3 数据处理

一般而言，所有的指标可划分为正向指标和负向指标两大类，正向指标是指那些数值越大表明系统发展水平越好的指标，即与系统发展水平呈正相关的指标；负向指标是指那些数值越小代表系统发展水平越好的指标，即与系统发展水平呈负相关的指标（Shen L Y et al.，2018；Hej Q et al.，2018）。为消除指标数据的正负方向影响且遵循耦合度模型具有的零阶其次性的性质，在对所有指标体系做进一步分析之前需要先对数据进行标准化处理。标准化处理的公式如下：

正向指标：$X_{ij} = (X_{ij} - \min\{X_j\})/(\max\{X_j\} - \min\{X_j\})$　(4－6)

负向指标：$X_{ij} = (\max\{X_j\} - X_{ij})/(\max\{X_j\} - \min\{X_j\})$　(4－7)

式中，i 代表年份；j 表示指标；X_{ij} 是标准化后的指标值；X_{ij} 是原始指标值；$\max\{X_j\}$、$\min\{X_j\}$ 分别表示在所列年份中指标 j 的最大值和最小值，标准化处理后所有指标值的取值范围为 [0，1]。

4.2 耦合协调度的测算

4.2.1 指标体系的建立和数据来源

依据牧草产业和畜牧业两大系统的性质特征和融合方式，综合考虑畜牧业和牧草产业发展现状及其基本内涵以及数据的可得性，征询长期从事畜牧业经济及牧草产业经济问题研究的专家和相关政府人员的建议，参考已有相关研究成果（王国刚等，2018；倪印锋等，2018；杜宇能等，2018；辛岭等，2010），从产出水平、经营管理水平生产能力和生产效率等方面构建了牧草产业和畜牧业两大系统的评价指标体系（表 4－2）。本研究选取 2001—2017 年我国 28 个省份的相关统计数据为样本展开研究，其中关于牧草产业 2001—2017 年发展

表 4－2　牧草产业和畜牧业系统耦合度指标体系

目标层	一级指标层	二级指标层	单位
牧草产业 $F(X)$	生产能力	年末保留种草面积（X_1）	万亩
		牧草产量（X_2）	万吨
		牧草商品化率（X_3）	%
	生产效率	牧草单产水平（X_4）	吨/亩
		商品草单产水平（X_5）	千克/亩
	经营管理水平	草产品加工企业数量（X_6）	个
		草产品加工企业生产能力（X_7）	吨/亩
畜牧业 $L(Y)$	产出水平	畜牧业产值比重（Y_1）	%
		草食牲畜存栏比重（Y_2）	%
		肉类人均占有量（Y_3）	千克/人
		牛奶人均占有量（Y_4）	千克/人
		禽蛋人均占有量（Y_5）	千克/人
	经营管理水平	畜禽养殖规模化率（Y_6）	%
		种畜禽场个数（Y_7）	个

水平指标体系的数据主要来源于《中国草业统计》，关于畜牧业 2001—2017 年发展水平指标体系的数据来自《中国统计年鉴》和《中国畜牧业统计》。需要说明的是，因为北京、上海、浙江、香港、澳门和台湾等省份因一些重要指标数据缺失而未纳入研究，所以只有 28 个省的相关数据指标，但这并不会影响到本研究的主要研究结论。

4.2.2 指标权重的确定

本研究采用信息熵赋权法来确定权重水平。“信息熵”的概念由香农在 1948 年首次提出，解决了如何对信息进行量化度量的问题，一定程度上可避免主观赋权因素造成的结果有偏，使各指标权重更具客观性和可信度，信息熵赋权法的具体步骤如下（Shannon CE，1948；郭亚军，2008；Li Y F et al.，2012；Tang Z，2015；He J Q et al.，2018；张芷若等，2019）。

第一步，计算第 i 年指标 j 的比例，即对指标进行比重变换，m 代表年数，公式如下：

$$R_{ij} = X'_{ij} / \sum_{j=1}^{m} X'_{ij} \tag{4-8}$$

第二步，计算指标 j 的信息熵（e_j），用 $X'_{ij}=0.000\ 01$ 代替 0 来计算 e_j，公式如下：

$$e_j = \frac{1}{\ln m}\sum_{j=1}^{m} R_{ij} \times \ln R_{ij}\,(0 \leqslant e_j \leqslant 1) \tag{4-9}$$

第三步，计算信息熵冗余度（d_j），如式（4－9）所示。如果信息熵的值越小，那么信息熵冗余度的数值越大。一般来说，d_j 高、e_j 低，意味着指标 j 提供了更多的信息，应该被赋予较大的权重，因此，指标 j 的权重计算公式如式（4－10）所示，n 代表指标数量：

$$d_j = 1 - e_j \tag{4-10}$$

$$w_j = d_j / \sum_{j=1}^{n} d_j \tag{4-11}$$

得出指标的权重以后，基于已建立的牧草产业和畜牧业发展水平的衡量指标体系，分别计算两个产业系统的综合评价值，计算公式如下：

$$F(X) = \sum_{j=1}^{7} w_j X'_{ij} \tag{4-12}$$

$$L(Y) = \sum_{j=1}^{7} w_j X'_{ij} \tag{4-13}$$

F（X）和 L（Y）分别代表牧草产业系统和畜牧业的综合值；X'_{ij}（$i=2001$，…，2017，$j=1$，…，7）和 Y'_{ij}（$i=2001$，…，2017，$p=1$，…，7）分别是 X_{ij} 和 Y_{ij} 通过公式（4－6）或（4－7）进行标准化后的数值；w_j 是根据式（4－8)至（4－10）计算所得的相应指标权重。

4.2.3　贡献系数的新定义

已有研究对贡献系数大多是主观赋值的，主观赋值的不同会导致不同的耦合协调度测算结果，进而可能误导相关主体决策。为修正耦合协调度模型中贡献系数的主观赋值的局限性，本章借鉴已有研究采用协同理论来重新定义 α，β。按照协同理论，可以揭示两个系统间协调机制从低到高的动态进化机制。高水平的协调只有当两个系统间的耦合度非常高的时候才能达到，高的耦合度只有在两个系统的发展差距很小的时候才能达到。要达到高的耦合度要么是提升欠发达系统要么是降级发达体系，显然第一个方法更符合经济规律，因此，欠发达的系统应该被给予更大的权重值，这个值应当反映出两个系统之间的发展差距（Shen L Y et al.，2018）。将上述思想应用到本章的研究内容中，参照 Shen L Y 等（2018）数学的表达方式，结合本章的研究内容，可设置如下贡献系数表达式：

$$\begin{cases} \alpha>\beta, & F(X)<L(Y) \\ \alpha<\beta, & F(X)>L(Y) \end{cases} \tag{4-14}$$

$$\alpha+\beta=1 \tag{4-15}$$

根据式（4－14）和式（4－15）可以采用如下的公式来诠释贡献系数的新定义：

$$\alpha^*=\frac{L(Y)}{F(X)+L(Y)} \tag{4-16}$$

$$\beta^*=\frac{F(X)}{F(X)+L(Y)} \tag{4-17}$$

α^* 是重新定义的牧草产业系统的贡献系数，β^* 是重新定义的畜牧业系统的贡献系数；如果畜牧业系统的综合评价值 L（Y）相对较低，那么 β^* 值就应该相对较高，在本研究的情境下，这将驱使政府给予畜牧业系统更多的关注并助力其改善系统表现。根据式（4－12）和式（4－13）的计算结果代入式(4－16)和式（4－17）得出 α^* 和 β^* 的具体数值。

4.2.4　结果分析

（1）从 28 省份的平均水平看，2001—2017 年，中国牧草产业和畜牧业的耦合协调度水平整体呈增长态势（图 4-1）。这意味过去 17 年来中国牧草产业和畜牧业系统不断朝着协调方向发展，该测算结果同产业发展现实情况也较为相符。实际上，产业政策是影响这两个系统之间耦合协调程度的一个重要因素。自 2000 年以来，政府部门陆续出台相关政策、实施系列工程直接或间接促进牧草产业和畜牧业协调发展，从“西部大开发战略”“退耕还林还草工程”“退牧还草”到“振兴奶业苜蓿发展行动计划”“南方现代草地畜牧业行动计划”“关于促进草牧业发展的指导意见”等，引领中国牧草产业和畜牧业两个系统走向紧密联系协调发展的道路。虽然两个产业的耦合协调度水平呈现上升趋势，但是过去 17 年来耦合协调度的绝对数值仍处于过渡区间，即耦合协调度的值域区间主要处在［0.3，0.7］（图 4-1）。具体而言，根据表 4-1 的分类标准，2001—2008 年，中国牧草产业和畜牧业的耦合协调程度处于轻度失调状态，2009—2017 年两个产业系统逐步走向勉强协调，总体来看仍属于过渡发展区间，尚未达到协调发展阶段。

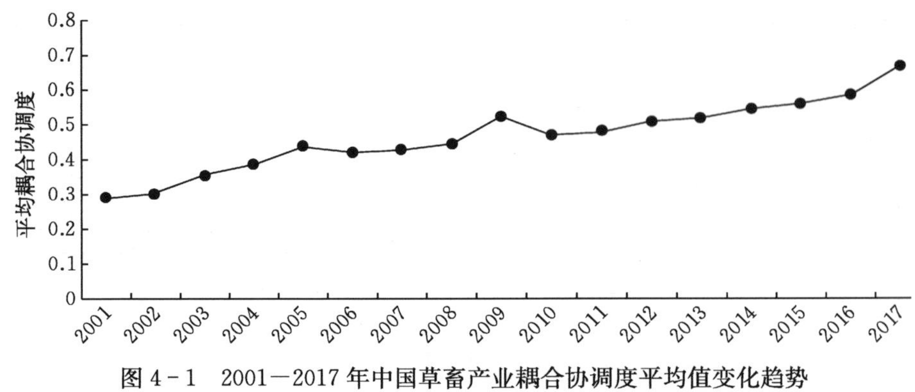

图 4-1　2001—2017 年中国草畜产业耦合协调度平均值变化趋势

（2）28 个省份的牧草产业和畜牧业之间的耦合协调度 2001—2017 年整体从低级共生走向高级共生。2001 年处在严重失调的省份有 16 个，无 1 个省份处在高度协调阶段，而 2017 年处在严重失调区的省区仅剩 4 个，山西、内蒙古、吉林、黑龙江、安徽、福建、山东、湖北、湖南、四川、贵州、云南、陕西、甘肃、青海和宁夏等 16 个省区处在草畜产业高度协调发展期（表 4-3）。

从地理区域看，东北、西北、华北和西南地区省份的牧草产业和畜牧业耦合协调度明显高于其他区域省份。可能的原因在于，这些区域是传统的畜牧业生产优势区，自然、经济和社会等各方面基础环境较适合畜牧业发展，同时，近年来随着牧草生产的北方苜蓿产业带、东北羊草生产区和南方饲草生产区的形成，这些区域两个产业之间的相互联系和影响逐步紧密，畜牧业发展为牧草产业提供了广阔的需求市场，而牧草产业可以助力畜牧业实现提质增效，从而这些区域两个产业系统之间耦合协调度水平明显高于其他区域。

值得注意的是2001年处在牧草产业和畜牧业耦合发展严重失调阶段的16个省份中有15个均是牧草产业的综合评价值低于其畜牧业系统的综合评价值（表4-3）；至2017年处在严重失调阶段的4个省份中有3个都是牧草产业的综合评价值远远低于其畜牧业系统的综合评价值（表4-3）；整体属于牧草产业发展滞后型，充分说明牧草产业的重要性尚未受到足够的重视，其发展滞后阻碍了两个产业系统的走向耦合协调发展。以西藏为例，据统计，全区草地中度和重度退化面积占可利用草地总面积的50%左右，西藏平均每600个羊单位牲畜才拥有1公顷人工草地，实际载畜量大于载畜能力致使草原生态破坏，牲畜发展与草地资源之间的限制性矛盾难以有效解决（郎维华等，2013；曹仲华等，2006）。

表4-3 2001年和2017年牧草产业和畜牧业系统耦合协调度测算结果

省份	2001年				2017年			
	F（*X*）	*L*（*Y*）	*D**	类型	*F*（*X*）	*L*（*Y*）	*D**	类型
天津	0.30	0.31	0.55	勉强协调	0.36	0.06	0.26	严重失调
河北	0.21	0.56	0.53	勉强协调	0.36	0.28	0.56	勉强协调
山西	0.09	0.28	0.34	轻度失调	0.76	0.77	0.87	高度协调
内蒙古	0.04	0.08	0.23	严重失调	0.46	0.73	0.74	高度协调
辽宁	0.04	0.12	0.24	严重失调	0.39	0.64	0.69	勉强协调
吉林	0.10	0.16	0.35	轻度失调	0.46	0.63	0.72	高度协调
黑龙江	0.09	0.29	0.35	轻度失调	0.44	0.64	0.72	高度协调
江苏	0.04	0.36	0.22	严重失调	0.03	0.22	0.18	严重失调
安徽	0.03	0.24	0.18	严重失调	0.85	0.71	0.88	高度协调
福建	0.23	0.37	0.53	勉强协调	0.71	0.61	0.81	高度协调
江西	0.07	0.14	0.30	严重失调	0.32	0.25	0.53	勉强协调
山东	0.10	0.37	0.36	轻度失调	0.62	0.63	0.79	高度协调

（续）

省份	2001年				2017年			
	F（X）	L（Y）	D*	类型	F（X）	L（Y）	D*	类型
河南	0.10	0.11	0.32	轻度失调	0.40	0.39	0.63	勉强协调
湖北	0.01	0.10	0.11	严重失调	0.90	0.70	0.88	高度协调
湖南	0.02	0.24	0.15	严重失调	0.87	0.49	0.78	高度协调
广东	0.18	0.68	0.49	勉强协调	0.63	0.27	0.59	勉强协调
广西	0.04	0.21	0.21	严重失调	0.25	0.73	0.57	勉强协调
海南	0.06	0.13	0.27	严重失调	0.05	0.61	0.23	严重失调
重庆	0.03	0.28	0.18	严重失调	0.51	0.18	0.49	轻度失调
四川	0.11	0.26	0.38	轻度失调	0.85	0.67	0.86	高度协调
贵州	0.04	0.08	0.22	严重失调	0.90	0.77	0.91	高度协调
云南	0.02	0.17	0.13	严重失调	0.88	0.85	0.93	高度协调
西藏	0.08	0.39	0.32	轻度失调	0.07	0.56	0.28	严重失调
陕西	0.03	0.27	0.18	严重失调	0.51	0.52	0.72	高度协调
甘肃	0.06	0.17	0.29	严重失调	0.44	0.86	0.74	高度协调
青海	0.04	0.03	0.18	严重失调	0.52	0.62	0.75	高度协调
宁夏	0.13	0.30	0.41	轻度失调	0.86	0.89	0.93	高度协调
新疆	0.05	0.09	0.24	严重失调	0.34	0.49	0.63	勉强协调

4.3 空间自相关分析

4.3.1 全局 Moran's I 指数

考虑到自然环境、生产周期以及政策滞后效应等因素，借鉴李欠男等（2019）研究方法，本研究采取3年平均法对牧草产业和畜牧业的耦合协调度进行空间相关性检验，检验结果见表4-4。整体来看，牧草产业和畜牧业的耦合协调度的空间相关性呈现由强变弱的趋势。具体而言，2001—2015年全局 Moran's I>0 且通过检验，说明牧草产业和畜牧业耦合协调度具有显著的空间正相关性，即空间上呈集聚分布模式。但值得注意的一个趋势是全局 Moran's I 值总体呈不断下降态势，至2016—2017年，Moran's I<0 且未通过检验，说明牧草产业和畜牧业系统耦合协调度不存在显著的空间相关关系。

过去17年中国牧草产业和畜牧业耦合协调度的空间相关性逐渐变弱可能的原因是受产业政策调整的影响，政策引导省区内草业和牧业逐步走向协调发展，因而相邻省区交流合作需求逐渐减弱。任继周（2015）指出，面对草业和牧业都急需发展的情况，2015年中央1号文件提出“加快发展草牧业，支持青贮玉米和苜蓿等饲草料种植，开展粮改饲和种养结合模式试点”组织草业和牧业两个专业协同作业，助力改变以往常见的“重畜轻草”或“重草轻畜”的草畜脱节问题。随着“粮改饲”试点和草牧业试验试点的启动实施，草业和牧业不协调问题有了一定程度的改善，一些地方政府相关部门开始着手有意识地加强区域内的草业和牧业的协调发展，笔者在调研中了解到，有“中国草都”之称的内蒙古阿鲁科尔沁旗将大力发展肉牛产业实现“就地转化，化草为肉”。需要强调的一点是区域内的草畜耦合程度加强不代表不再需要跨区域的草畜结合，尤其针对农牧交错带的省区而言，跨区域的草畜结合也是促进牧草产业和畜牧业耦合协调度提升，进而助力农业经济实现健康持续发展的重要路径之一。

表4-4 中国牧草产业和畜牧业耦合协调度的全局 Moran's I 值

年份	2001—2003	2004—2006	2007—2009	2010—2012	2013—2015	2016—2017
Moran's I	0.259 0	0.335 5	0.259 4	0.204 4	0.171 3	−0.124 0
Z value	2.352 5	2.917 0	2.342 6	1.904 1	1.678 3	−0.700 6
P value	0.018 7	0.003 5	0.019 2	0.059 0	0.093 3	0.483 5

4.3.2 局部 Moran's I 指数

全局 Moran's I 考察的是全局范围内牧草产业和畜牧业是否具有显著的空间相关性，而省与省之间是否存在空间相关关系、空间集聚程度的格局如何与周边地区的关联则需要局部 Moran's I。2001年河北、天津出现了明显的高高集聚，也就是说，这两个省的牧草产业和畜牧业耦合协调度与空间分布的关系是不但自己省的牧草产业和畜牧业耦合协调度处于高位，且旁边省份的牧草产业和畜牧业耦合协调度也是在高位，周边的山西、河南和山东的牧草产业和畜牧业耦合协调度较其他省而言的确也是处在高位。而福建是唯一个高值被低值包围的省，说明福建省的牧草产业和畜牧业耦合协调度处于高位，但是在空间分布上，它身边的省份都处于低值。2017年重庆和江苏出现了明显的低高集聚，说明重庆和江苏的牧草产业和畜牧业耦合协调度处在低位，在空间分布上，二者周围的省份处在高位区域，呈现低值被高值包围的态势。重庆周围的陕西、四川、贵州、湖南和湖北以及与江苏相邻的安徽和山东等省的牧草产业和畜牧业耦合协调度均处在 0.7，1.0 的高度协调发展阶段，而重庆和江苏 2017 年牧草产业和畜牧业耦合协调度分别为 0.49 和 0.18，明显低于各自周围相邻省份。

4.4 本章小结

本章采用修正的耦合协调度模型测算了 2001—2017 年中国牧草产业和畜牧业的耦合协调度并使用 Moran's I 对其进行了空间自相关分析，得出以下主要结论：

(1) 从全国平均水平看，2001—2017 年中国牧草产业和畜牧业耦合协调度总体呈现上升趋势，值域范围处在 0.3～0.7，说明仍处于过渡发展阶段，即中国牧草产业和畜牧业尚未达到高度协调发展阶段。

(2) 具体而言，2001 年 28 个省份中牧草产业和畜牧业之间的耦合协调度为高度协调的省份数量为 0 个；处在过渡区间（包括勉强协调和轻度失调）的省份数量为 12 个，包括山西、吉林、黑龙江、河南、广东等；处在严重失调的省份有 16 个，包括江苏、广西、重庆、江西、安徽等。而 2017 年 28 个省份中牧草产业和畜牧业之间的耦合协调度为高度协调的省份数量为 16 个，包括内蒙古、四川、贵州、甘肃、青海和宁夏等；处在过渡区间（包括勉强协调和轻度失调）的省份数量为 8 个，包括新疆、河南、河北、辽宁等；处在严重失调的省份有 4 个，包括江苏、海南、西藏等。

(3) 从产业系统综合评价值看，牧草产业发展滞后降低了大部分省区牧草产业和畜牧业的耦合协调发展水平，2001 年和 2017 年处在牧草产业和畜牧业耦合发展严重失调阶段的省份中分别有 15 个和 3 个均是牧草产业的综合评价值低于其畜牧业系统的综合评价值，占比分别为 94%和 75%。

(4) 从地理空间上看，Moran's I 值及其检验结果表明，2001—2015 年中国牧草产业和畜牧业耦合协调发展水平具有显著空间集聚分布特征，但整体呈不断减弱趋势，至 2016—2017 年空间相关性不再显著。

第五章　农户牧草与粮食生产成本收益及生产效率比较研究

随着动物性产品消费比重的快速增加，饲料用粮成为我国当前粮食安全的主要压力，同时，我国居民肉类食品消费结构正由单一的猪肉向多种肉类均衡消费转变，可以预见未来以牛羊肉为代表的草食畜产品消费增长空间较大，而我国人均天然牧草生产能力仅有世界平均的 27.12 %，天然牧草供给能力严重不足（任继周等，2019；李娜等，2016），因此发展青贮玉米、苜蓿等优质饲草料生产是保障重要农产品有效供给的关键举措[①]，对解决粮食安全问题的具有重要作用（张卫建等，1997；王明利，2015）。

发展人工种草不可避免地要占用一定比例的耕地，耕地是目前中国农户拥有的最稀缺的资源，根据钟甫宁等（2008）的研究，农户是否种植某种作物取决于该作物单位面积产量、价格与其替代作物单位面积产量、价格之间的比较，由此可见，农户到底是种植粮食还是种植牧草很大程度上取决这两种作物之间比较效益，这里的比较效益应当既包括成本收益方面经济效益的比较，还应包括牧草和粮食生产效率的比较（王明利等，2015；汪武静等，2016）。国内学术界针对牧草和粮食作物成本收益比较展开系列研究，结果表明在大多数情况下种植牧草的亩均纯收益要高于种植粮食作物（王明利，2010；朱新强等2014；王国刚等，2015；汪武静等，2016；石自忠等，2017）。具体来看，各项已有主要是通过实地调研获取数据，调研区域主要集中在西南和西北地区，由于各地自然条件、社会经济情况差别较大，加之所比较的作物种类不同，最终得出种植牧草亩均纯收益比种植粮食作物的亩均纯收益高出约 158～1 270 元不等（王明利，2010；王国刚等，2015）。此外，部分学者在对牧草和粮食作物成本收益进行测算比较的基础上进一步分析比较了两种作物的要素弹性、

① 2019 年中央 1 号文件《中共中央 国务院关于坚持农业农村优先发展做好“三农”工作的若干意见》。

要素边际产出等指标（石自忠等，2013；刘会芳等，2016）。

关于粮食生产技术效率和牧草生产技术效率已有文献进行了大量研究（田维明等，1997；亢霞等，2005；曾福生等，2012；刘玉凤等，2014；石自忠等，2019），但是针对两种作物生产效率比较的研究所见不多，汪武静（2016）对我国西南地区农户种植黑麦草和种植水稻的技术效率进行了比较分析，其研究发现西南地区农户种植黑麦草的技术效率高于种植水稻的技术效率。实际上，牧草种植和粮食种植多数情况下并不是非此即彼的互斥选项，在不影响主要粮油作物生产的情况下，可以选择适宜的牧草品种通过轮作、间作等模式将牧草与粮食作物混合种植，既有效解决当地养殖业冬春季草料不足问题，又能使农户农业生产效益实现最大化，若同时饲养草食家畜考虑家畜转化带来的附加效益和饲养成本的节约，种植牧草的相对效益更加可观（王国刚等，2015）。如张卫建等（2001）研究表明，“稻/草轮作＋鹅”模式的经济效益显著高于“稻/麦轮作”模式，前者耕地生产率和生产效益分别是后者的 2.64 倍和 3.94 倍。

国外已有研究普遍认为单一专业化的粮食种植体系虽然有助于增加产量，但是减少了生物多样性并带来了高昂的环境成本，因此围绕牧草种植模式、传统农作物与饲草作物轮作模式以及两者与牲畜养殖系统混合模式等开展了系列对比研究，旨在找到一种经济和生态效益兼得的农业生产模式。Wachter J M 等（2019）进行了一项为期 5 年的研究，考察了华盛顿州东部旱地的在四种截然不同的耕作制度情况下总生产力，经济效益和土壤质量的差异。这四个系统分别是：①该地区典型的常规冬小麦/春小麦/春豌豆轮作模式；②作物—牲畜混合模式，这种模式下的作物为冬小麦/春小麦/冬豌豆草料轮作；③有机作物＋牲畜混合模式，这种模式下的作物为三年生紫花苜蓿和草/饲草豌豆/冬小麦轮作；④苜蓿或其他多年生牧草＋有机作物种植模式。Wachter J M 等（2019）的研究发现，将多年生牧草作物（例如苜蓿等）整合到有机耕作系统中可以提高土壤质量，经济效益较高并为后续的谷物作物提供氮。目前，美国畜牧业总成本的 65%～70%是饲养成本，加大饲草料生产是减少饲养成本以实现畜牧业可持续发展的好方法，而当前，美国面临着 35.6%的青粗饲料原料短缺，按照目前的牧草资源增长水平，到 2050 年，青粗饲料将有 18.4%的缺口；间作的主要目的是最大限度地利用空间、光和养分等资源，同时改善和提高饲草料的质量和数量，还有研究表明饲料作物与豆科植物间作可改善饲料作物的适口性和消化率（Kumar R et al.，2018；Ginwal DS et al.，2019）。国外学术界的研究结果亦表明种植牧草尤其是将牧草作物与粮食等其他农作物进行轮作具有良好的经济效益，有利于充分利用自然资源，此外，一些牧草诸如苜蓿等还具有改善土壤肥力的作用，因此还可以带来一定程度的生态效益。

5.1　数据说明与研究方法

5.1.1　数据来源与指标说明

本章所用数据来源于国家牧草产业体系产业经济研究室 2011—2018 年对新疆、甘肃、宁夏、四川、贵州、云南、黑龙江、江苏、湖北等省区主要牧草和粮食作物种植农户的跟踪调研。处理数据时对未填写单位产量、销售价格等关键指标以及存在数据异常的样本进行了剔除。目前国内对牧草成本收益信息尚无官方系统统计数据，因此产业体系农户跟踪数据具有重要参考价值（石自忠等，2017）。目前调研的牧草种类包括苜蓿、黑麦草、青贮玉米，粮食作物包括小麦、玉米、水稻和马铃薯，但是由于各类作物所适宜的生长条件不同，比如黑麦草主要生长南方，同时考虑到作物的代表性和跟踪调研数据之间更好的可比性，本章最终选择了种植范围较为广泛的苜蓿、青贮玉米、小麦和玉米，对这四类作物的成本收益情况、技术效率以及全要素生产率进行比较。需要特别说明的是，本章成本收益分析部分所使用的数据为产业体系跟踪数据的全样本数据（表 5-1），而测算技术效率和全要素生产率所使用的模型要求不能出现投入指标的缺失值，因此在完成四种作物成本收益分析的基础上对存在投入缺失值的样本进行了剔除，最终得到种植苜蓿样本 184 户、种植青贮玉米样本 208 户、种植小麦样本 298 户、种植玉米样本 451 户。

苜蓿、青贮玉米、小麦和玉米的投入构成相同，包括土地、种子、人工、机械、水电等生产要素，但是产出差异较大，粮食主要收获籽实而牧草收获的是地上部分植株体，因此牧草产量存在干重和鲜重之分，比如青贮玉米大多采用收割后青贮的方式饲喂家畜，因此多以鲜重计算其产量，而苜蓿则是刈割晾晒成干草后饲喂家畜，因此计算其产量多为干重。考虑到两类作物间成本收益的可比性问题，收益为单位面积（每亩）产值，总成本为单位面积总费用。具体而言，苜蓿和青贮玉米的收益分别为每亩干重产量乘以单位价格和每亩鲜重乘以单位价格，玉米和小麦的收益分别为每亩产量乘以单位价格。成本费用采用的是产业体系农户跟踪调研问卷中的生产投入项目，包含种子费、人工费、肥料费、水电费、机械费、其他费用（含地租）。在计算技术效率和全要素生产率指数的过程中，投入产出使用的项目与成本收益部分所使用的项目相同。

表 5-1　成本收益分析所使用样本分布情况

单位：户

年份	苜蓿	青贮玉米	小麦	玉米
2011	221	9	295	418
2012	229	86	237	389
2013	194	87	229	349
2014	164	163	160	220
2015	77	24	137	195
2016	126	57	110	129
2017	167	96	85	184
2018	176	77	67	162
合计	1 354	599	1 320	2 046

5.1.2　研究方法

从理论上讲成本收益分析的前提是假设生产经营主体追求利润最大化，即尽可能地以最小的成本获得最大的收益，从农业生产实际来看，在大多数情况下农民的确是以利润最大化作为其生产决策的标准。理清苜蓿、青贮玉米、小麦和玉米的收益和成本项目后，计算各自的亩均纯收益和总成本以及各项成本费用并进行比较。常见的测算技术效率的方法包括参数法和非参数法。参数法主要通过构建并估计研究对象的随机前沿生产函数来实现技术效率的测算，当前应用最广泛的是 Battese GE 等（1993）年提出的能够同时估计随机前沿生产函数和技术效率函数的技术，非参数法是运筹学中用数学规划求解模型的方法，通过构建随机成本函数、生产函数前沿模型来完成（田维明，1997；亢霞等，2005；范群芳等，2008；杨皓天等，2016）。数据包络分析（DEA）是一种基于被评价对象间比较的非参数技术效率分析方法，由美国的 Charnes、Cooper 和 Rhodes 于 1978 年首次提出，因其适用范围广、操作相对简单而迅速推广应用开来（成刚，2014）。本章采用的是投入导向的径向 DEA 模型对主要牧草和粮食作物的技术效率进行测算和比较。投入导向是从投入角度对被评价生产决策单元（DMU）无效率程度进行测量，关注的是在不减少产出的条件下，要达到技术有效各项投入应该减少的程度。径向的含义是指无效率的测量方式为投入能够等比例减少的程度，或产出能够等比例增加的程度，因此投入导向的径向模型是指在产出不减少的条件下，各项投入能够等比例缩减的程度来对无效率的情况进行测量。

假设共需要测算 n 个 DMU 的技术效率，每个 DMU 有 m 种投入，记为 x_i（$i=1, 2, \cdots, m$），q 种产出，记为 y_r（$r=1, 2, \cdots, q$）。CHARNES A 等（1978）基于规模报酬不变的假设构建了第一个 DEA 模型，规划式如下：

$$\max = \frac{\theta \sum_{r=1}^{q} u_r y_{rk}}{\sum_{i=1}^{m} v_i x_{ik}}$$

$$\text{s. t.} \ \frac{\sum_{r=1}^{q} u_r y_{rj}}{\sum_{i=1}^{m} u_r \sum_{i=1}^{m} v_i x_{ik}} \leqslant 1$$

$$v \geqslant 0;\ u \geqslant 0 \qquad (5-1)$$

式（5-1）即基于规模收益不变的 CCR 模型，但是在实际生产中，很多生产决策单元并没有处于最有规模的生产状态，Banker R D 等（1984）提出了基于规模收益可变假设估计规模效率的 DEA 模型，及后来文献中常见的 BCC 模型，基于规模报酬可变的径向 DEA 模型的规划式如下：

$$\min \theta$$

$$\text{s. t.} \sum_{j=1}^{n} \lambda_j x_{ij} \leqslant \theta x_{ik}$$

$$\sum_{j=1}^{n} \lambda_j y_{rj} \geqslant y_{rk} \sum_{j=1}^{n} \lambda_j = 1$$

$$\lambda \geqslant 0 \qquad (5-2)$$

同时，当被评价的生产决策单元（DMU）的数据包含多个时间点观测值的面板数据时，就可以对生产率的变动情况、技术效率和技术进步各自对生产率变动所起的作用进行分析，即 Malmquist 全要素生产率（Total Factor Productivity，TFP）指数分析。Malmquist 指数可分解为两个方面的变化：一是被评价 DMU 在两个时期内的技术效率的变化（Technical Efficiency Change,

EC)，二是生产技术的变化（Technological Change，TC)，在 DEA 分析中反映生产前沿的变动情况。本章选择全局参比 Malmquist 模型计算四种作物的生产率变动情况，全局参比 Malmquist 指数是以所有各期的总和作为参考集，即各期共同的参考集为（成刚，2014)：

$$S^g = S^1 \cup S^2 \cup, \cdots, \cup S^p = (x_j^1, y_j^1) \cup (x_j^2, y_j^2) \cup, \cdots, \cup (x_j^p, y_j^p) \tag{5-3}$$

由于各期参考的同一前沿，因此计算得出的也是单一的 Malmquist 指数，Malmquist 指数可以进一步分解为效率变化（*EC*）和技术变化（*TC*)：

$$\begin{aligned} M_g(x^{t+1}, y^{t+1}, x^t, y^t) &= \frac{E^g(x^{t+1}, y^{t+1})}{E^g(x^t, y^t)} \\ &= \frac{E^{t+1}(x^{t+1}, y^{t+1})}{E^t(x^t, y^t)}\left(\frac{E^g(x^{t+1}, y^{t+1})\ E^t(x^t, y^t)}{E^{t+1}(x^{t+1}, y^{t+1})\ E^g(x^t, y^t)}\right) \\ &= EC \times TC_g \end{aligned} \tag{5-4}$$

5.2 主要牧草和粮食作物成本收益比较

5.2.1 收益项目比较

为方便比较四类的成本收益情况，对各个类作物的成本收益项目求2011—2018 年的均值，一般而言，取均值并不影响作物间成本收益的比较，尤其在全国牧草投入产出数据较为缺乏的情况下，使用深入田间地头获取的实地调研数据，所得计算结果仍然具有很大的参考价值。从纯收益均值看，种植牧草的经济效益好于种植传统粮食作物。根据农户跟踪调研数据计算结果显示（图 5-1)，种植苜蓿的亩均纯收益最高，达到 709.32 元；其次是青贮玉米，亩均纯收益为 608.79 元；玉米排在第三位，纯收益为 466.50 元；小麦的亩均纯收益是四类作物中最少的，仅为 236.14 元。从收益率均值看，苜蓿最高，达到 148.66%；其次为玉米，收益率为 84.69%；青贮玉米和小麦的收益率分别为 70.10%和 40.15%。从收益项目比较结果综合来看，苜蓿的经济效益显著优于其他三类作物，小麦的经济效益情况最差。考虑到牧草产业体系产业经济研究室所跟踪调研地区大多数农户主要将苜蓿种植在盐碱、四荒地等边际土地上，如果能够挤出一部分种植粮食作物的质量较好的耕地来种植苜蓿，可以预见其经济效益会更好（石自忠等，2017)。

从牧草和粮食作物纯收益的时间变化情况看（图 5-2)，苜蓿和青贮玉米

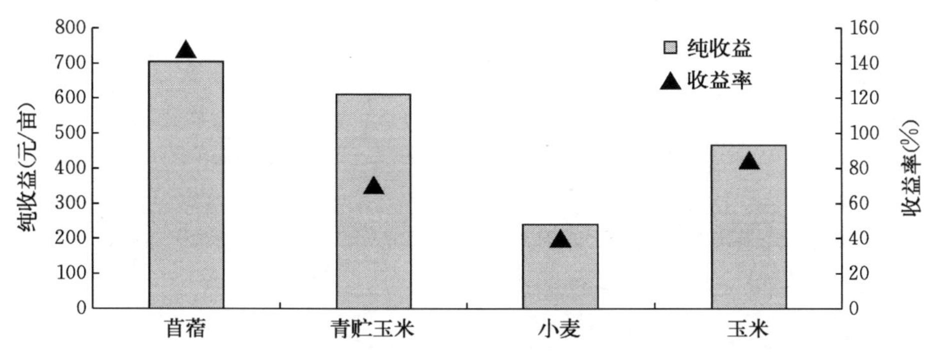

图 5-1　牧草与粮食作物收益项目比较

整体呈波动上升趋势，小麦和玉米呈下降态势。2011 年苜蓿的纯收益为 477.86 元/亩，虽然 2012 年略有下降，但是下降幅度不大，此后总体在波动中上升，至 2018 年增长为 977.96 元/亩，年均增长 10.77%；青贮玉米 2011 年的纯收益为 392.76 元/亩，此后维持数年的增长态势，虽然 2018 年较 2017 年稍有下降，但是仍较 2011 年增加了 151.56 元/亩，年均增长 4.77%；2011 年小麦的亩均纯收益为 229.62 元，至 2018 年增长至 256.27 元，年均增长 1.58%，虽说小麦的纯收益在大部分年份中是四种作物中最低的，但是其收益波动下降幅度并不大，考虑其有最低收购价政策的加持，因此预计未来的收益仍不会有强烈波动，但比较经济效益较差的情况可能会延续；玉米亩均纯收益在 2011 年是四种作物中最高的，达到 651.42 元，自 2013 年以后总体呈不断下降态势，至 2018 年亩均纯收益为 395.22，年均增长率为－6.89%。

四种作物的亩均纯收益呈现上述变化的重要原因是产业政策的调整和市场需求的变化。2007 年开始实施的玉米临时收储价格政策保障了玉米市场的稳定，对农民增收做出了重要贡献，但是这个政策客观上也扭曲了市场价格信号，加之国内外宏观环境的不断变化，玉米产业面临生产量、进口量、库存量“三量齐增”的困境。为了解决国内玉米价格倒挂、财政负担过重、玉米生产量仍在增加等系列问题，政府将玉米临时收储政策改为“市场收购＋补贴”的形式，玉米市场收购价格下降，进而影响了玉米种植者的亩均纯收益。由于我国生产的玉米很大一部分被用作饲料粮，玉米价格的高启导致很多饲料加工企业或者养殖企业转向寻求其他替代品，加上“三聚氰胺”事件后，全社会尤其是奶牛产业等草食畜牧业从业者越来越认识到优质牧草在牲畜养殖过程中的重

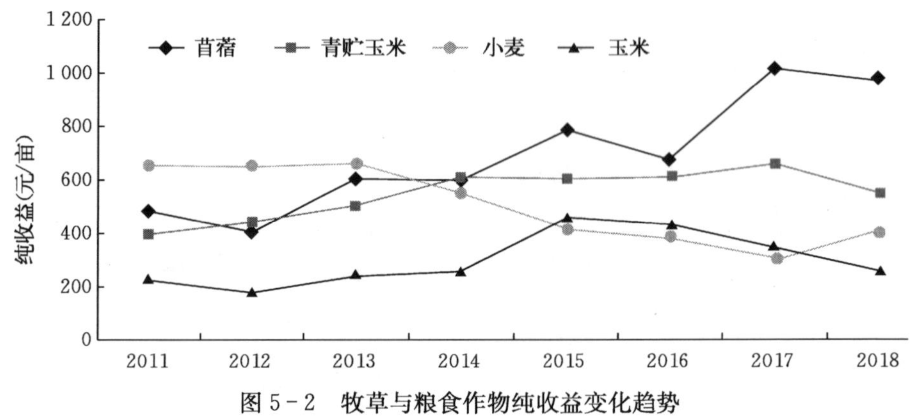

图 5-2 牧草与粮食作物纯收益变化趋势

要性，因此，苜蓿、燕麦等优质牧草的市场需求量不断攀升。与此同时，伴随“粮改饲”政策的实施，青贮玉米快速发展起来，产业政策调整加之市场需求变化共同影响了以上四种作物纯收益的变化趋势。

5.2.2 成本项目比较

从各类作物的总成本均值看（图 5-3），青贮玉米所需总成本最大，为 969.40 元/亩，其次是小麦和玉米，分别为 584.67 元/亩和 564.34 元/亩，苜蓿所需总成本较少，为 465.04 元/亩。从具体成本项目看，四种作物中种子费最高的作物是小麦，每亩花费 59.71 元，其次是青贮玉米，玉米和苜蓿的种子费用较低，分别为 49.99 元和 33.69 元。人工成本费用方面，青贮玉米最高，达到了 241.80 元/亩，玉米和小麦的人工费排在第二和第三位，分别为 153.99 元/亩和 142.38 元/亩，苜蓿是四种作物中人工费最低的，为 41.60 元/亩。水电费方面，苜蓿和小麦每亩所需费用高于青贮玉米和玉米。四类作物的机械费相差无几，均在 100 元/亩左右。值得一提的是其他费用（主要包括租地费和农药费）方面，青贮玉米远高于其他三种作物，每亩达到 371.46 元，其他三种作物基本处在 40～100 元（表 5-2）。以上数据表明，四种作物中亩均总成本最高的是青贮玉米，青贮玉米的总成本构成中其他费用（这里主要是租地费）所占比重最大，这可能和跟踪农户数据的省区分布有关，青贮玉米的样本数据中山东省和四川省的样本所占比重较多，一方面山东省的租地费均较高，进而导致其青贮玉米的成本构成中其他费用所占比例较高；另一方面四川地处西南山地，牧草种植无法实现北方地区的规模化和机械化，青贮玉米的种植、刈割甚至运输主要靠人工完成，因此其成本构成中人工费较高。

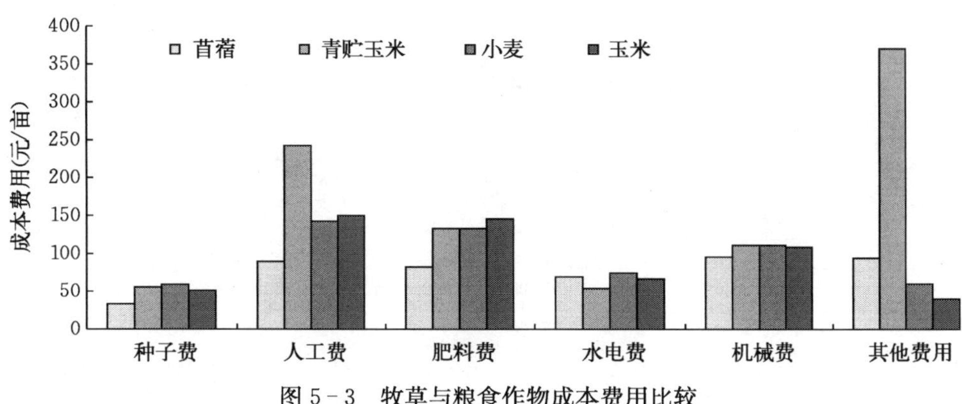

图 5－3　牧草与粮食作物成本费用比较

表 5－2　2011—2018 年四种作物成本收益变化情况

单位：千克/亩，元/千克，元/亩，%

作物名称	年份	单位产量	单位价格	种子费	人工费	肥料费	水电费	机械费	其他费用
苜蓿	2011	649.06	1.23	27.61	72.91	63.59	57.44	69.85	30.51
	2012	658.90	1.18	39.16	107.67	60.84	72.84	58.19	33.44
	2013	651.71	1.52	41.85	114.01	66.21	65.52	57.34	41.47
	2014	698.62	1.70	45.93	111.39	89.47	56.32	101.90	185.69
	2015	702.39	1.82	44.30	86.60	90.00	53.30	102.65	116.36
	2016	761.36	1.68	42.84	100.65	112.16	76.11	147.08	119.73
	2017	766.89	1.95	11.62	69.10	68.09	64.67	115.59	151.75
	2018	761.53	1.91	16.20	66.16	86.12	113.34	114.16	80.59
	年均增长率	2.31	6.46	−7.33	−1.38	4.43	10.20	7.27	14.89
	2011	3 055.56	0.26	62.78	101.44	99.75	35.88	82.44	16.00
	2012	3 147.44	0.39	53.62	340.79	120.95	31.69	76.96	165.38
	2013	3 257.53	0.45	49.00	305.32	164.86	75.56	88.26	287.33
	2014	3 593.02	0.46	60.88	263.62	176.69	67.98	135.76	348.54

（续）

作物名称	年份	单位产量	单位价格	种子费	人工费	肥料费	水电费	机械费	其他费用
青贮玉米	2015	3 552.50	0.45	57.33	121.33	135.83	80.24	118.74	492.26
	2016	3 658.07	0.53	55.84	298.39	133.86	45.79	124.18	677.29
	2017	3 682.29	0.50	52.38	252.40	122.20	51.39	129.95	587.44
	2018	3 538.68	0.44	58.87	251.08	122.72	46.40	130.41	397.44
	年均增长率	2.12	7.81	−0.91	13.82	3.00	3.74	6.77	58.24
小麦	2011	333.21	2.07	57.25	122.95	113.69	59.57	78.61	27.39
	2012	336.09	2.18	65.78	143.24	133.97	76.51	101.67	37.19
	2013	350.92	2.32	65.29	145.85	134.87	71.83	111.24	43.10
	2014	374.61	2.21	60.91	142.71	143.76	66.26	109.04	53.71
	2015	457.90	2.38	52.20	168.44	166.30	82.26	130.61	42.65
	2016	434.82	2.32	64.38	116.82	116.50	96.19	115.59	74.94
	2017	499.11	2.05	46.60	174.46	139.86	75.38	108.08	139.77
	2018	369.85	2.31	65.24	124.54	122.86	82.14	135.59	69.53
	年均增长率	1.50	1.62	1.89	0.18	1.11	4.70	8.10	14.24
玉米	2011	587.11	2.01	46.69	156.49	137.01	54.49	89.75	46.58
	2012	580.57	2.10	46.28	165.60	147.50	60.84	106.51	42.78
	2013	588.33	2.06	49.61	161.92	138.78	49.50	115.89	38.60
	2014	510.61	2.38	49.82	223.49	170.79	73.41	117.97	30.85
	2015	569.79	1.91	54.18	190.05	175.46	91.32	119.22	49.41
	2016	631.51	1.47	53.07	127.33	123.02	86.30	115.00	33.20
	2017	559.40	1.46	54.93	119.68	132.84	61.42	102.20	44.56
	2018	512.88	1.67	45.37	87.34	141.23	52.79	92.80	40.81
	年均增长率	−1.91	−2.66	−0.41	−7.99	0.43	−0.45	0.48	−1.87

5.3 主要牧草和粮食作物生产效率比较

5.3.1 技术效率比较分析

技术效率是实际产量与最大产量的比率，技术效率提高意味着实际生产点趋近现有技术条件的最大产量（田维明，1997）。技术效率反映的是一个生产单元技术水平的高低，因此称为“技术”效率（成刚，2014）。本章采用Max-DEA 8.1软件测算苜蓿、青贮玉米、小麦和玉米的技术效率，结果如表5-3所示。从综合技术效率（TE）均值看，小麦的综合技术效率均值最高，为0.713 5；其次为苜蓿，综合技术效率均值为0.605 6；玉米的综合技术效率均值排在第三位，为0.506 4；青贮玉米的综合技术效率均值最低，仅为0.249 9。从纯技术效率（PTE）均值看，小麦的纯技术效率值最高，达到0.843 1；青贮玉米的纯技术效率排在第二位，为0.839 0；排在第三位的是苜蓿，其纯技术效率均值为0.792 2；玉米的纯技术效率值低于其他三种作物，为0.753 1。从规模效率（SE）均值看，小麦的规模效率值最高，为0.842 6；其次为苜蓿，为0.760 5；玉米排在第三位，为0.675 6；青贮玉米的规模效率值最低，仅为0.291 7。综合技术效率既受纯技术效率的影响又受规模效率的制约（孟令杰等，2004；文洁等2019）。需要特别说明的作物，比如青贮玉米的综合技术效率非常低，但其技术效率较高，因此其综合技术效率受到规模效率的制约明显，与倪印锋（2019）研究结果一致，再看RTS结果发现，生产单元主要处于规模收益递增阶段，说明投入的增长能够带来更多的产出同时也说明青贮玉米的种植规模较小，规模效率还有非常大的增长空间。总体来看，跟踪农户种植四种作物的技术效率均未达到有效状态；牧草作物的技术效率较粮食作物存在更大的大提升空间，本研究认为牧草作物技术效率较低的原因可能包括以下几个方面。

表5-3　2011—2018年四种作物技术效率及其变化情况

		均值	2011年	2012年	2013年	2014年	2015年	2016年	2017年	2018年
TE	苜蓿	0.605 6	0.772 1	0.748 6	0.714 2	0.527 6	0.420 5	0.473 3	0.615 2	0.678 6
	青贮玉米	0.249 9	0.298 5	0.347 7	0.160 5	0.229 8	0.249 7	0.252 2	0.295 4	0.213 5
	小麦	0.713 5	0.602 3	0.770 9	0.775 2	0.521 0	0.716 3	0.819 4	0.821 7	0.742 7
	玉米	0.504 6	0.602 7	0.605 0	0.549 4	0.582 7	0.427 0	0.404 9	0.478 2	0.435 4
PTE	苜蓿	0.792 2	0.963 3	0.966 7	0.812 5	0.760 2	0.789 5	0.552 7	0.760 0	0.813 2
	青贮玉米	0.839 0	0.987 6	0.990 6	0.802 4	0.754 9	0.788 2	0.814 1	0.815 3	0.791 8
	小麦	0.843 1	0.852 1	0.837 4	0.847 9	0.748 5	0.870 4	0.889 9	0.898 2	0.810 2
	玉米	0.753 1	0.797 8	0.800 6	0.787 5	0.705 0	0.702 1	0.716 7	0.752 2	0.770 6

（续）

		均值	2011年	2012年	2013年	2014年	2015年	2016年	2017年	2018年
SE	苜蓿	0.760 5	0.795 0	0.767 7	0.877 8	0.663 6	0.595 3	0.827 1	0.787 0	0.812 3
	青贮玉米	0.291 7	0.300 9	0.350 7	0.194 9	0.285 8	0.307 4	0.309 9	0.347 1	0.269 6
	小麦	0.842 6	0.706 7	0.920 7	0.909 7	0.683 5	0.820 9	0.923 1	0.906 7	0.914 3
	玉米	0.675 6	0.765 1	0.765 3	0.700 6	0.817 7	0.603 7	0.578 8	0.641 7	0.576 9

一是生产经营主体经验积累程度不同。牧草产业起步晚，相比较具有悠久种植历史的粮食生产者而言各牧草生产者的经验积累有限，加之牧草在种植、刈割、贮藏和运输等方面经营管理和技术水平要求较高，而当前诸多生产主体经营管理水平不高（石自忠等，2019）。二是技术进步与作物生产结合紧密度不同。虽然牧草产业各项技术研发取得一定成果，但是相对粮食产业而言仍处于该产业发展的初级阶段、发展历史较为短暂，技术进步与产业发展实际需求存在“磨合不到位”的现象。三是产业政策支持体系完善度不同。在确保粮食安全的战略要求下，粮食产业的各项政策支持具体而全面，相对而言牧草产业的政策支持存在一些需要进一步完善的地方，实践表明产业政策对生产者积极性具有显著影响，生产者种植某种作物的积极性高的话，会在现有技术水平下尽可能地提高产出水平进而达到较高的技术效率水平。

5.3.2 全要素生产率比较分析

全要素生产率是经济增长理论中的重要概念之一，从其内涵和计算方法上看，与科技进步贡献率是一致的（陈向武，2019）。广义的农业科技进步包含了自然科学技术进步和社会科学技术进步，测定广义农业科技进步对经济增长的贡献份额即称为农业科技进步贡献率（朱希刚等，1997）。考虑到本章所使用的方法更适合用来计算全要生产率，同时相比较而言，全要素生产率属于国际通用概念，因此本章使用全局参比 Malmquist 模型测算得出 2011—2018 年苜蓿、青贮玉米、小麦和玉米全要素生产率，四种作物全要素生产率及其分解情况如表 5-4 所示。

2011—2018 年，四种作物各自的全要素生产率均成增长态势，具体而言，苜蓿、青贮玉米、小麦和玉米的全要素生产率分别年均增长 10.66%、3.18%、1.26%和 1.96%。就全要素生产率的年度变化看，苜蓿全要素生产率 2011—2012 年呈现下滑态势，此后年份呈现上升态势；青贮玉米全要素生产率在2012—2013年和2014—2015年呈现下降趋势，其他年份均呈现增长趋势；小麦全要素生产率在2011—2012年、2014—2016年以及2017—2018年呈现下滑趋势，其他年份为上升态势；玉米全要素生产率在2012—2015年和2016—2017年呈现下降态势，其余年份呈增长态势。总体来看，牧草作物的全要素生产率的年均增长率高于粮食作物，但四种作物全要素增长率波动均较大，因此如果产业技术创新或新技术转化推广两者中任何一个出现问题则四种作物全要素增长率就存在下滑风险，根据前面研究方法可知全要素生产率可以进一步分解为技术进步和技术效率。

表5-4　2011—2018年四种作物全要素生产率及分解指数

年份		2011—2012	2012—2013	2013—2014	2014—2015	2015—2016	2016—2017	2017—2018	均值
苜蓿	MI	0.988 9	1.016 2	1.120 9	1.120 0	1.197 7	1.294 7	1.007 7	1.106 6
	EC	0.994 7	1.006 1	0.853 2	1.071 2	1.106 9	1.086 6	0.909 3	1.004 0
	TC	0.994 2	1.010 0	1.313 7	1.045 5	1.082 0	1.191 5	1.108 3	1.106 5
青贮玉米	MI	1.050 5	0.987 7	1.179 7	0.864 6	1.055 0	1.007 0	1.077 8	1.031 8
	EC	0.998 6	0.911 8	0.899 8	0.773 9	1.000 8	0.998 5	0.975 9	0.937 0
	TC	1.052 0	1.083 2	1.311 1	1.117 3	1.054 2	1.008 5	1.104 4	1.104 4
小麦	MI	0.918 4	1.026 6	1.013 6	0.976 1	0.903 1	1.310 0	0.940 3	1.012 6
	EC	1.033 6	0.975 8	0.985 2	0.956 0	0.987 6	1.051 1	0.991 6	0.997 3
	TC	0.888 5	1.052 1	1.028 8	1.021 0	0.914 4	1.246 3	0.948 3	1.014 2
玉米	MI	1.016 9	0.956 7	0.972 3	0.883 9	1.102 5	0.982 7	1.027 1	1.019 6
	EC	1.017 9	0.972 5	0.933 1	1.054 1	0.688 3	1.066 8	1.061 2	0.970 6
	TC	0.999 0	0.983 7	1.041 9	0.838 5	1.601 7	0.921 2	0.967 9	1.050 6

就全要素生产率均值的分解情况看，提升苜蓿全要素生产率的关键在于促进技术进步，2011—2018年技术进步年均增长10.65%，高于技术效率的年均增长比率0.40%；青贮玉米全要素生产率增长主要源于技术进步，2011—2018年技术进步年均增长10.44%，而技术效率变化则呈下滑态势；小麦全要素生产率的增长受技术进步的影响更大，2011—2018年技术进步年均增长率为1.42%，而技术效率变化呈下降状态；技术进步同样是提升玉米全要素生产率的关键，2011—2018年技术进步年均增长5.06%，而技术效率则呈下滑

态势。从变化趋势上看，苜蓿和青贮玉米全要素生产率上升主要是得益于技术进步，即便技术效率在一些年份表现为下降趋势，但并未拉低技术进步增加带来的正向影响；小麦和玉米的全要素生产率的变化主要受到其产业技术进步的影响，与王玉伟（2012）、袁青青等（2018）、刘宽斌（2015）和江激宇等（2018）对小麦和玉米全要素生产率的研究结论一致，说明技术进步是粮食作物全要素生产率的增长的主要动力（周先波，2010；闵锐等，2012）。总体来看，以苜蓿和青贮玉米为代表的牧草作物和以小麦和玉米为代表的粮食作物的全要素生产率增长的主要动力均在于技术进步，同时，根据上文研究结果可知，除小麦技术效率相对较高且波动不大以外，其他三种作物的技术效率总体处于较低水平且增长状况波动均较大，因此，需要在保障其技术效率提升的同时大力推进行业技术进步。

就影响全要素生产率的因素而言，已有研究认为生产技术及设备滞后、经营者生产观念和管理技术不到位、产业政策支持体系不健全、经营者面临较高的生产及市场风险四个方面是影响我国牧草全要素生产率的主要因素（石自忠等，2019）。影响粮食作物全要素生产率的因素包括惠农政策、人均粮食生产规模、种粮机械化水平、粮食产业经济发展水平和种粮人口比重、农业科技成果转化推广情况、粮食主产区科技创新力度等方面（肖红波等，2012；马林静等，2014；张利国等，2016）。此外，还有学者针对玉米全要素生产率和小麦全要素生产率的影响因素进行了具体的分析研究，如别蒙（2014）研究发现农业专业化程度和财政支持农业对于玉米全要素生产率具有促进作用；江激宇等（2018）认为政府政策、技术进步和收入结构对我国玉米全要素生产率增长具有显著正向作用，而自然灾害、人力资本和城市化具有显著负向作用；对小麦来说，农业技术研究的财政投入、农业技术创新的研究、农业技术物质化和推广实施会提升其的全要素生产率，而城市化推进、自然灾害则抑制小麦生产效率的提高（王玉伟等，2012；朱婷，2016）。根据上述已有研究成果可以总结得出，生产技术创新与转化、产业政策制定与实施、机械设备研发与推广是影响牧草全要素生产率和粮食全要素生产率的共同因素，这些因素主要是代表能够拓展生产前沿的技术进步和能够消除效率限制因素的产业政策。此外，从已有研究我们能够发现种植者生产行为是牧草产业全要素生产率的重要影响因素之一，这可能是由于牧草产业历史较短及所处发展阶段的原因。同时，我们发现已有文献鲜少着墨种植者生产行为对粮食作物全要素生产率的影响，由此可以推断这可能是由于粮食作物种植在我国有几千年的历史产业发展较为成熟，种植者的经验和技术积累较多，因此种植者生产行为相对于其他影响粮食全要素生产率的因素而言学界并未进行侧重研究。总体来说，对牧草产业而言，关注种植者生产行为具有较大现实意义。

5.4　本章小结

基于2011—2018年我国牧草产业体系产业经济研究室提供的苜蓿、青贮玉米、小麦和玉米的非平衡面板农户跟踪数据，本章首先测算了四种作物的成本收益状况，并对其成本收益及变化情况进行比较分析；然后，采用投入导向的径向DEA模型对苜蓿、青贮玉米、小麦和玉米的技术效率进行测算和比较；最后，使用全局参比Malmquist模型测算了四种作物全要素生产率的变动情况。得出以下主要结论：

（1）从牧草作物与粮食作物成本收益比较来看，苜蓿的纯收益最高，其次是青贮玉米和玉米，小麦的纯收益最低；从纯收益变化趋势看，苜蓿和青贮玉米整体呈波动上升趋势，小麦和玉米总体呈下滑态势，其中玉米纯收益下降态势最为明显；从收益率来看，苜蓿最高，其次为玉米，青贮玉米和小麦的收益率最低。苜蓿纯收益较高主要因为近年来其市场需求旺盛，市场价格较高，且相对其他三种作物而言单位价格呈稳定上升态势，加之其单位产量较为稳定，因此其纯收益较高。就单位总成本均值来看，青贮玉米所需总成本最大，其次是小麦，玉米和苜蓿所需总成本较少，青贮玉米单位总成本较高是因为其人工费和土地成本较高。

（2）从牧草作物与粮食作物生产效率比较来看，就技术效率而言，综合技术效率方面，小麦的综合技术效率最高，其次是苜蓿，玉米和青贮玉米综合技术效率较低；纯技术效率方面，小麦的纯技术效率最高，其次是青贮玉米，苜蓿和玉米的纯技术效率较低；规模效率方面，小麦的规模效率最高，苜蓿排在第二位，青贮玉米的规模效率最低。就全要素生产率而言，2011—2018年，苜蓿、青贮玉米、小麦和玉米的全要素生产率年均增长分别为10.66％、3.18％、1.26％和1.96％，由此可见牧草作物的全要素生产率的年均增长率高于粮食作物。与此同时，就变化趋势看，四种作物全要素增长率波动均较大。对全要素生产率进行分解的结果表明，以苜蓿和青贮玉米为代表的牧草作物和以小麦和玉米为代表的粮食作物的全要素生产率增长的主要动力均在于技术进步。

第六章　牧草种植者生产行为的描述性统计分析

如果不抓紧建设草地农业系统，草畜产业系统耦合、家畜高效生产就是无根之树，保障食物安全就缺少系统性基础（任继周等，2009）。在前几章的研究内容中，从宏观层面对牧草产业发展现状、牧草产业与畜牧业的耦合协调发展程度及空间格局状况进行较为全面的梳理分析与研究探索，还从中观层面对主要牧草和粮食作物的经济效益和生产效率进行比较分析，在接下来的章节中，本研究依靠实地调研所得数据和相关信息材料将研究视角深入到微观层面，探究当前中国牧草主产区的牧草种植主体生产行为特征并实证分析牧草生产者的种植决策行为，以期为促进中国牧草产业健康、持续稳定发展提供决策参考。

6.1　样本来源及基本特征

6.1.1　样本点的分布

在充分考虑牧草产业发展实际情况和实地调研步骤及难度基础上，选取 8 个牧草主产省份于 2018 年秋季和冬季展开调研。调研问卷的内容包括牧草生产者的个人及家庭特征、牧草种植技术需求及培训、牧草种植投入产出情况、草食家畜拥有量、牧草生产者面临的社会经济条件、牧草种植意愿以及牧草生产者面临的政策和风险因素等。抽样方法采取分层抽样法从 8 个省份分别随机抽取 1～4 个市，再从每个市随机抽取 1～4 个县，再采用类似的抽样方法从每个县抽取 1～4 个乡镇（苏木），然后再从每个乡镇（苏木）抽取 1～4 个行政村，最后在每个村根据人口规模随机抽取一定量的牧草种植户作为调查样本。共实地填写问卷 571 份，其中有效问卷 527 份，有效问卷率 93%。如表 6－1 所示，527 份有效样本主要分布在甘肃、宁夏、内蒙古、河北、山西、山东、四川和贵州的 32 个县。

表 6－1　调研样本点分布情况

省区	市（州）	调查户数（户）
甘肃	定西	58
	张掖	41
宁夏	固原	31
	石嘴山	4
内蒙古	赤峰	52
河北	衡水	13
	沧州	50
山西	朔州	26
山东	聊城	38
	东营	13
	滨州	35
	烟台	10
四川	凉山	71
贵州	毕节	46
	安顺	39
合计	15 个	527

6.1.2　样本户的基本特征

（1）户主的年龄构成及健康状况。总体上看，从事牧草种植的农户户主年龄分布大致呈橄榄形。在 527 个种草样本户中，户主年龄在 30 岁以下的样本数为 13 个，占总样本的 2.47%，30～45 岁的样本有 200 个，占总样本的 37.95%，46～60 岁的样本有 256 个，占总样本的 48.58%，60 岁以上的样本数为 58 个，占总样本的 11.01%（表 6－2）。从调研样本农户的年龄构成来看，继续在家从事牧草生产活动的农民中 30 岁以下的年轻人非常少。一方面归因于工农比较效益差距大，与外出务工相比，农业生产比较效益较低，而基本生活、孩子教育和老人治病等开销若过大仅靠务农无法维持生存；另一方面，目前新生代农民向往大城市生活，农事兴趣较为不足，宁愿城市打零工也不愿意留村务农。46 岁及以上的农民是从事牧草种植的中坚力量，这部分农民身体素质相对较差，文化程度与青壮年农民相比也比较低，思想和观念相对保守，接受新技术和新品种的意愿并不强烈。因为年龄较大，外出就业能够寻找到的机会较少，因此这部分农民是牧草生产的主力军。从样本户户主的健康状况看，共有 471 位牧草生产者认为自己身体是健康的，近年未出现过重大疾病，占样本总量的 89.37%；仅有 9 位牧草生产者且年龄集中在 60 岁以上觉得自己的健康状况较差，占比 1.71%。

（2）户主的受教育程度。总体上看，牧草生产者户主的受教育程度主要集中在小学和初中阶段。在 527 个种草样本户中，完成小学或初中教育的样本数为 329 个，占总样本的 62.43%，接受过高中教育的样本农户有 112 个，占总样本的 21.25%，完成大专及以上教育的样本数为 45 个，占总样本的 8.54%。此外，527 个种草样本户中有 41 个农户的户主未接受过正规学校教育，占总样本的 7.78%（表 6-2）。由以上分析可见，目前牧草生产者受教育程度以小学或初中为主，具有较高学历、知识掌握程度较好的生产者所占比例比较小。文化程度较高的农民多已外出打工或上学就业，比较效益较低的农业生产、公共服务设施不健全的农村生活难以吸引受教育程度较高的人员。无论是从加速推进农业供给侧结构性改革以实现农业高质量发展的角度来说，还是从助力脱

表 6-2　样本生产者户主的基本特征情况

指标	分类	人数（人）	比例（%）
户主年龄	小于 30 岁	13	2.47
	30～45 岁	200	37.95
	46～60 岁	256	48.58
	大于 60 岁	58	11.01
户主受教育程度	文盲	41	7.78
	小学或初中	329	62.43
	高中	112	21.15
	大专及以上	45	8.54
户主健康状况	健康	471	89.37
	一般	47	8.92
	不健康	9	1.71

资料来源：根据调研问卷整理。

贫攻坚以确保农村全面同步实现小康社会角度来讲，在农村地区推行专业性更强、针对性更突出的农业技术教育和农业职高教育仍然很有必要（钟鑫，2016）。

（3）样本生产者对牧草扶持政策的认知情况。我国牧草生产快速发展离不开“退耕还林还草工程”“振兴奶业苜蓿发展行动计划”“南方现代草地畜牧业推进行动”“粮改饲”等一系列政策和工程项目的推进扶持作用。当前，诸多学者阐述了牧草生产与产业发展过程中政策扶持的重要性，并呼吁完善牧草生产与产业发展相关扶持政策（王明利等，2012；卢欣石，2013；孙启忠等，2013；王国刚等，2015；王明利，2015；石自忠等，2017）。上述每一项政策的推行都会对牧草生产者产生一定的影响，综合考虑调研地点和数据的可得性，在实地调研过程中，重点关注了“振兴奶业苜蓿发展行动计划”和“粮改饲”政策。从样本户的政策认知来看，有40.23%的生产者了解振兴奶业苜蓿发展行动计划，32.07%的生产者了解粮改饲政策。从是否享受到牧草生产的有关政策补贴来看，54.65%的样本主体表示享受到了牧草生产的有关政策补贴（图6-1）。此外，39.24%的样本生产者表示享受到的牧草有关政策补贴比较有效，19.44%的样本户认为非常有效，认为效果一般、较小和没效果的样本生产者分别占18.75%、18.40%和4.17%。

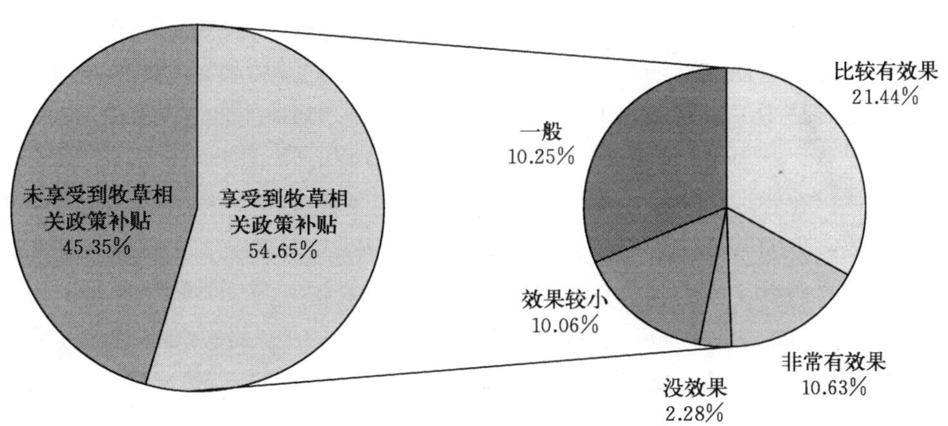

图6-1　样本生产者享受的政策情况

资料来源：根据调研问卷整理。

6.2 样本户牧草种植基本情况

6.2.1 样本户牧草种植年数和经营类型

（1）农户种草年数情况。总体来看，我国牧草生产者的种草年数普遍较短。截至 2018 年，种草年数小于 4 年的样本数为 218 个，占总样本的 41.37%，种草年数在 4～7 年的样本数为 150 个，占总样本的 28.46%，种草年数在 8～11 年的样本数为 65 个，占总样本的 12.33%，种草年数大于 11 年的样本农户有 94 个，占总样本的 17.84%（表 6-3）。根据实地调研情况看，种草年数超过 11 年的农户主要分布在河北、甘肃、四川和山东四省，说明这几个地区农户具有种草的传统，种草历史较长。之所以采用 4 年、7 年和 11 年进行种草年数阶段的划分，主要是考虑到重要牧草产业政策或相关重大事件的发生，必然会对牧草生产者的种植决策行为选择带来影响。2008 年，奶业“三聚氰胺”事件爆发，优质牧草的重要性进入国人视野；为了彻底解决奶业质量安全问题，2012 年国家开始实施“振兴奶业苜蓿发展行动计划”，扶持苜蓿生产者，给予财政补贴；为了深入推进农业结构调整，加快农业现代化，2015 年国家启动实施“粮改饲”政策，从上述统计结果可见，“粮改饲”政策显著推动牧草产业的发展。

（2）农户种草养畜情况。总体上看，样本中种草养畜的生产者较为普遍。在 527 个样本农户中，既种草又养畜的有 319 个，占总样本的 60.53%；只种植牧草未养殖草食家畜的样本有 208 个，占总样本的 39.47%（表 6-4）。这里的畜主要是指牛羊等草食家畜。在农区调研中了解到个别农户认为，自己种上一些牧草，让自己所饲养的畜禽在上草地上放牧，就可以生产出优质的畜产品，但是，在农区由于受土地资源的限制，不可能像牧区一样大面积的种植牧草进行放牧，农区种植牧草的目，是为了给自己所饲养的家畜提供尽可能多的青粗饲料，所以，就必须根据自身所拥有的土地资源，科学管理牧草地，以期获得较高产量的优质牧草，实现对所养家畜青饲料的最大化供应，以满足家畜饲喂的需要（孟勇等，2018）。

（3）农户种草与种粮情况。总体来看，2018 年既种植牧草又种植了粮食的非专业化牧草生产者共有 121 户，占比 22.96%，主要分布在四川、甘肃、河北、山东、内蒙古，其中山东样本户主要是“小麦＋牧草”的种植模式，河北、甘肃和内蒙古的样本户主要是“玉米＋牧草”的种植模式。2018 年只种植牧草一类作物未种植粮食等其他农作物的样本户共计 406 户，占比 77.04%（表 6-3）。呈现上述现象的原因可能在于样本主要分布在牧草主产区且大多是畜牧业传统优势省区，牧草产业发展环境相对较好，农户对牧草的熟悉度和认可度较高，因此大多数生产者选择只种植牧草作物，而不是既种植牧草同时也种植粮食等其他农作物。

（4）农户牧草种植规模情况。根据国家牧草产业体系产业经济研究室农户定点监测数据种植规模划分依据，农户牧草种植规模达到 1 000 亩以上的称为规模化牧草生产者，种植规模为 1 000 亩及以下的称为非规模化生产者。总体来看，样本生产者中牧草种植规模大于 1 000 亩的规模化生产者有 81 户，占比 15.37%，非规模化生产者有 446 户，占比 84.63%。

表 6-3　样本户牧草种植年数和经营类型

指标	分类	户数（户）	比例（%）
种草年数	小于 4 年	218	41.37
	4～7 年	150	28.46
	8～11 年	65	12.33
	大于 11 年	94	17.84
是否养畜	种养一体化	319	60.53
	非种养一体化	208	39.47
是否种粮	同时种植牧草与粮食作物	121	22.96
	专业化牧草种植	406	77.04

资料来源：根据调研问卷整理。

6.2.2　样本户牧草种植种类及地区分布

2018 年样本户选择种植牧草的种类按照其样本量从多到少进行排序依次为青贮玉米、苜蓿、其他牧草、黑麦草、燕麦草，相应的样本量分别为 298 户、161 户、52 户、42 户和 27 户，合计超过样本总量是因为有的农户种植了两种或两种以上的牧草（表 6-4）。从分布区域看，青贮玉米和苜蓿在调研的 8 个省区均有分布，燕麦草主要分布在内蒙古和甘肃，黑麦草主要分布在四川和贵州，本研究中其他牧草指除了苜蓿、青贮玉米、黑麦草、燕麦草以外的牧草类型，主要包括皇竹草、狼尾草、红豆草等，其中皇竹草和狼尾草集中分布在贵州和四川两省，红豆草种植多见于内蒙和甘肃两省。可见，青贮玉米和苜蓿是当前中国牧草生产者接受度和认可度最高的两种牧草，其中青贮玉米的地域适应性较强，南方和北方地区均可种植，而苜蓿相对更适合在北方种植。此外，燕麦草、黑麦草和其他牧草等的分布也具有一定的地域性特征，南北方差异较大。

表 6-4　样本户种植牧草种类分布情况

单位：户

	青贮玉米	苜蓿	燕麦草	黑麦草	其他牧草
甘肃	80	28	2	—	2
宁夏	17	26	—	—	—
内蒙古	24	22	20	—	—
河北	11	55	—	—	—
山西	15	12	1	—	—
山东	83	16	1	—	1
四川	2	1	3	40	30
贵州	65	1	—	2	19
合计	298	161	27	42	52

资料来源：根据调研问卷整理。

6.2.3　样本户牧草种植生产投入情况

人工草地建设可以启动植物生产和动物生产的耦合从而增加效益，目前有一些人认为用好地种草浪费，建议用陡坡地退耕还草，虽然牧草对环境的适应性较强，但是其抗逆性也有限度，拿出优良耕地种草加之必要的农业投入，才能获得高额回报（任继周等，2002）。牧草生产的投入和粮食等农作物基本相同，需要种子、土地、劳动和其他物质资本等要素的投入，具体主要包括种子费、人工费、肥料费、水电费、机械费以及其他费用等项。

（1）样本生产者的单位面积总投入情况。从不同牧草品种来看，2018 年苜蓿样本生产者总体投入均值为 789.28 元/亩，青贮玉米样本生产者总体投入均值为 874.38 元/亩，黑麦草样本生产者总体投入均值为 1 005.81 元/亩，燕麦草样本生产者总体投入均值为 819.23 元/亩（表 6-5）。

（2）样本生产者投入要素构成情况。总体来看，其他费用（包括租地费、农药费等没有具体列出的事项，其中随着规模的扩大，租地费占比越大，因为一般来说，规模越大，越是租地种植）在各牧草品种的总投入中占比都较大。从不同牧草品种具体来看，苜蓿种植户的其他费用占总投入的比重最大，为31.50%，土地租金是其他费用的主要构成，排在第二位的是机械费，占总投入的24.58%，水电费排在第三位，占总投入的17.12%，肥料费排在第四位，占比15.46%；种子费、人工费等占比均不足10%。青贮玉米种植户的投入要素排在前三位的是其他费用（含租地费）、机械费和肥料费，其中其他费用（租地费）占总投入的比重为44.46%，肥料费排在第二位，占比18.41%，排在第三位的为机械费，占总投入的比重为15.36%，种子费、人工费、水电费等占比均在5%～10%。燕麦草种植户的机械费占总投入的比例最大，为33.34%，排在第二位的是其他费用（含租地费），占比18.84%，肥料费排在第三位，占总投入的比重为16.23%，种子费、人工费、水电费占比均在10%左右（表6-5）。黑麦草种植户的投入要素构成中，仍是其他费用（含租地费）占比最高，达到40.13%，其次为人工费，占总投入的比重为23.86%，排在第三位的是肥料费，占比15.34%，种子费、水电费、机械费等占比分别为6.17%、2.78%、11.71%。

表6-5 样本生产者牧草生产投入情况

单位：元/亩

投入项目	种子费	肥料费	水电费	机械费	人工费	其他费用	合计
苜蓿	14.46	121.99	135.13	193.99	75.06	248.64	789.28
	1.83%	15.46%	17.12%	24.58%	9.51%	31.50%	100.00%
青贮玉米	50.80	160.95	49.53	134.35	90.15	388.75	874.38
	5.81%	18.41%	5.67%	15.36%	10.31%	44.46%	100.00%
燕麦草	73.59	132.95	100.22	273.12	85.95	154.34	819.23
	8.98%	16.23%	12.23%	33.34%	10.49%	18.84%	100.00%
黑麦草	62.10	154.27	27.97	117.78	240.03	403.66	1 005.81
	6.17%	15.34%	2.78%	11.71%	23.86%	40.13%	100.00%

资料来源：根据调研问卷整理。

6.3 样本户牧草生产行为特征

6.3.1 不同样本群体生产决策行为

（1）样本总体的生产决策行为。从全样本看，共有496位生产者未来打算继续种植牧草，占样本总数的94.12%，有31位生产者未来不打算继续种植牧草，占比5.88%。此外，从样本户的未来牧草种植面积调整决策看，60.34%的样本户表示未来打算进一步扩大牧草种植规模，仅有39.66%的样本户表示未来不打算扩大牧草种植规模。本研究将“未来打算继续种植牧草且扩大种植规模”的样本户视为有牧草种植意愿，否则视为无牧草种植意愿。

（2）不同经营类型样本户的生产决策行为。种养一体化生产者中有牧草种植意愿的为212户，占比66.46%；非种养一体化生产者中有牧草种植意愿的为106户，占比50.96%。专业化牧草生产者中有牧草种植意愿的为258户，占比63.55%；非专业牧草生产者中有牧草种植意愿的为60户，占比49.59%。规模化牧草生产者中有牧草种植意愿的为61户，占比75.32%；非规模化牧草生产者中有牧草种植意愿的为257户，占比58.94%。

由上述基本统计分析可知种养一体化生产者、专业化生产者和规模化生产者中有牧草种植意愿的样本户占比均较高，那么生产者牧草种植意愿与其经营类型是否有关？鉴于二者均属于分类变量的性质，参考陈峰（2000）的做法，本节使用stata中cci命令来检验二者之间的关系，结果如表6-6所示。种养一体化生产者未来打算继续种植牧草且扩大种植规模的意愿是非种养一体化生产者的1.91倍，种养一体化生产者中有47.55%的生产者有牧草种植意愿是由于其种养一体化的经营类型所导致的，样本中未来有牧草种植意愿的31.70%的生产者是因其种养一体化的经营类型所致。专业化牧草生产者未来打算继续种草且扩大种植规模的意愿是既种草又种其他作物的生产者的1.77

表6-6 生产者牧草种植积极性与其经营类型的关系

统计项目	种养一体化	非种养一体化	专业化种草	既种草又种其他作物	规模化	非规模化
有种植意愿（户）	212	106	258	60	61	257
无种植意愿（户）	107	102	148	61	20	189
OR（%）	1.906 5		1.77		2.242 9	
ARP（%）	0.475 4		0.435 7		0.554 2	
PARP（%）	0.316 9		0.353 5		0.106 3	
χ^2	12.63		7.59		8.96	
P	0.000 4		0.005 9		0.002 8	

倍，专业化牧草生产者中43.57%有牧草种植意愿的是由于其专业化牧草生产

的经营类型所导致的，样本生产者中未来有牧草种植意愿的35.35%是因其专业化牧草生产的经营类型所致。规模化生产者未来打算继续种草且扩大种植规模的积极性是非规模化生产者的2.24倍，规模化生产者中55.42%有种草意愿的是由于其规模化的经营类型所导致的，样本生产者中有种草意愿的10.63%是因其规模化的经营类型所致。

(3) 不同地区的样本户生产决策行为。由表6-7可知，不同地区生产者未来牧草种植意愿呈现一定的差异。宁夏和贵州种植牧草积极性高的生产者占比最多；河北种植牧草积极性高的生产者占比最少，可能的原因在于河北距离发达城市群较近，非农就业机会较多，农民兼业的可能性大，因此其未来继续种草且扩大牧草种植规模的积极性较低，调研数据也佐证了这个猜测，样本生产者中有兼业行为的为64位，其中21.88%来自河北，来自宁夏和贵州的仅分别占比4.69%和9.38%。贵州、四川作为典型的南方草山地区，是南方现代草地畜牧业推进行动重点实施地区，形成较好的种草养畜氛围，因此生产者的种草积极性相对较高；宁夏、内蒙古作为传统的畜牧业大省，具有广阔的牧草需求市场，因此种植牧草的积极性高的生产者占比也较大。

表6-7　调研地区牧草生产者未来种植牧草意愿分布情况

	内蒙古	甘肃	宁夏	河北	山西	山东	贵州	四川
有种植意愿	61.54%	54.55%	80.00%	34.92%	57.69%	59.38%	80.00%	59.15%
无种植意愿	38.46%	45.45%	20.00%	65.08%	42.31%	40.63%	20.00%	40.85%

6.3.2 不同样本群体组织化行为

(1) 样本总体的组织化行为。调研数据显示，样本总体中共有345位样本生产者加入了农业产业化经营组织或专业合作社，占比65.46%。就产业化经营组织的具体形式而言，加入“合作社＋农户”组织的样本生产者最多，占比61.45%；加入“公司＋合作社＋农户”组织的样本生产者排在第二位，占比16.23%；“公司＋农户”组织的加入者占比13.33%，排在第四位；加入“公司＋家庭农场”和其他产业化经营组织的农户分别占比4.06%和4.93%。就牧草生产者参与产业化经营组织的规范化程度而言，45%左右的样本牧草种植者与养殖专业合作社或养殖企业签订相关协议，且约有50%的样本牧草种植者与养殖企业或养殖专业合作社有超过三年的合作关系。

（2）不同经营类型生产者的组织化行为。专业化牧草生产者中加入农业产业化经营组织或专业合作社的样本户占比 72.66%，非专业化牧草生产者中加入农业产业化经营组织或专业合作社的样本户占比 41.32%。规模化牧草生产者中加入农业产业化经营组织或专业合作社的样本户占比 83.95%，非规模化牧草生产者中加入农业产业化经营组织或专业合作社的样本户占比 62.11%。种养一体化牧草生产者中加入农业产业化经营组织或专业合作社的样本户占比 69.28%，非种养一体化牧草生产者中加入农业产业化经营组织或专业合作社的样本户占比 59.62%。

（3）不同地区生产者的组织化行为。由表 6－8 可知，不同地区牧草生产者的组织化行为存在差异。按照有组织化行为的生产者占样本比重大小来看，排在前三位分别为贵州、宁夏和甘肃，相应有组织化行为的牧草生产者占比分别达到 95.29%、94.29%和 77.78%；山西、内蒙古、山东、河北的样本中有组织化行为的生产者占比也达到一半左右；四川的样本生产者中有组织化行为的占比相对较低，为 32.39%。可见，南方省区牧草生产者的组织化程度差别较北方省区大。

表 6－8　调研地区牧草生产者组织化行为情况

	内蒙古	甘肃	宁夏	河北	山西	山东	贵州	四川
有组织化行为	61.54%	77.78%	94.29%	49.21%	65.39%	53.13%	95.29%	32.39%
无组织化行为	38.46%	22.22%	5.71%	51.79%	34.61%	46.87%	4.71%	67.61%

6.3.3　不同样本群体技术选择行为

（1）样本总体的技术需求与技术培训情况。就技术需求来看，病虫害防控、测土配方肥和应对自然灾害的技术知识是当前牧草生产者在牧草种植过程中最需要的三类技术。调研数据统计结果显示，样本生产者的技术需求情况按照被选频次从高到低依次为病虫害防控技术、测土配方肥技术、应对自然灾害的技术、节水灌溉技术、青贮贮藏技术以及收获干燥技术，被选频次分别为 228、181、160、136、113 以及 101。进一步分析表明，21.32%农户在牧草种植过程中最急需的技术是应对自然灾害的技术，充分说明了当前牧草生产面临着一定的自然风险约束。那么农民在牧草生产中遇到技术问题向谁求救呢？调研数据表明，牧草生产者在种植过程中遇到技术问题时多数会选择向政府农业技术推广机构求助。具体来看，求助对象按照被选频次从多到少依次为政府农业技术推广机构、自己解决、合作社、亲戚朋友和科研院校，被选频次分别为305、217、63、60和49（表6-9）。

表6-9　样本生产者牧草种植技术需求情况

技术需求	项目	频次
比较需要哪方面技术知识	病虫害防控	228
	测土配方肥	181
	应对自然灾害	160
	节水灌溉技术	136
	青贮贮藏	113
	收获干燥	101
种植过程中遇到技术问题向谁求助	政府机构	305
	自己解决	217
	合作社	63
	亲戚朋友	60
	科研院校	49
	其他方面	26

资料来源：根据调研问卷整理。

就技术培训情况看，调研区域牧草生产者接受过牧草种植相关技术培训的占比七成以上，培训的内容主要是田间管理和病虫害防控（表6-10）。具体而言，共有386位样本生产者参加过牧草种植生产的技术培训，占比73.40%；培训的主要内容包括田间管理、病虫害防控、测土配方肥和收获青贮，被选频次分别为323、260、218和230。236位样本生产者表示所接受的技术培训比较有效果，占接受过技术培训样本的60.67%；78位样本生产者表示所接受的技术培训非常有效，占比20.21%；66位样本生产者认为所接受的技术培训效果一般，占比16.71%；认为所接受的技术培训完全没效和不太有效的样本户所占比重均为0.78%。

表 6-10　样本生产者牧草种植技术培训情况

技术培训	项目	份数	比例
是否接受过牧草生产技术培训	接受过技术培训	386	73.24%
	未接受过技术培训	141	26.76%
技术培训的内容	田间管理	323	—
	病虫害防控	260	—
	测土配方肥	218	—
	收获青贮	230	—
	其他	28	—
培训效果	比较有效	236	61.14%
	非常有效	78	20.21%
	效果一般	66	17.10%
	完全没效	3	0.78%
	不太有效	3	0.78%

资料来源：根据调研问卷整理。

(2) 不同经营类型生产者技术需求与技术培训情况。就技术需求看，不同经营类型生产者之间存在一定的差异（表 6-11）。病虫害防控、测土配方肥

表 6-11　不同类型生产者牧草种植技术需求和技术培训情况

项目	内容	种养一体化	非种养一体化	专业化种草	既种草又种其他作物	规模化	非规模化
是否接受过牧草生产技术培训	接受过	242	144	302	84	72	314
	未接受过	177	64	104	37	9	132
技术需求内容	病虫害防控	101	102	188	40	43	135
	测土配方肥	76	76	135	46	38	99
	应对自然灾害	58	86	119	41	36	92
	节水灌溉技术	69	47	110	26	22	80
	青贮贮藏	41	54	87	26	32	54
	收获干燥	36	56	66	35	33	54
技术培训的内容	田间管理	207	116	259	64	62	261
	病虫害防控	152	108	213	42	56	191
	测土配方肥	121	97	170	48	48	170
	收获青贮	132	98	176	32	57	137

和应对自然灾害的技术知识是专业化种草、既种草又种植其他作物、规模化种草、非规模化种草以及非种养一体化等五类牧草生产者在种植过程中需求频次排在三位的技术类型。对规模化牧草生产者、非专业化牧草生产者和非种养一体化牧草生产者而言，收获干燥技术的被选频次排在第四位。就技术培训而言，不同经营类型生产者差别不大，接受过牧草生产技术培训的样本生产者占比均达到65%以上，培训内容方面主要是田间管理和病虫害防控的被选频次较多。

（3）不同地区生产者技术需求与技术培训情况。就样本牧草生产者的技术需求而言，不同地区的牧草生产者存在一定差别（表6-12）。内蒙古和宁夏的样本生产者选择频次最高的为应对自然灾害的技术，甘肃和四川的牧草生产者选择频次最高的为测土配方肥技术，山西、山东和贵州的样本生产者选择频次最多的为病虫害防控技术，河北的生产者选择频次最多的为牧草收获干燥技术。就技术培训而言，8个典型省区接受过牧草生产技术培训的样本生产者占比均达到50%以上，但是培训内容上略又差异，其中内蒙古、甘肃、宁夏、山西和山东5个省份的样本生产者接受技术培训内容主要是田间管理、病虫害防控和收获青贮技术，河北、贵州和四川3个省份的样本生产者接受的主要是田间管理、病虫害防控和测土配方肥技术培训。

表6-12　不同地区生产者牧草种植技术需求和技术培训情况

项目	内容	内蒙古	甘肃	宁夏	河北	山西	山东	贵州	四川
是否接受过牧草生产技术培训	接受过技术培训	36	60	34	51	20	52	83	50
	未接受过技术培训	16	39	1	12	6	44	2	21
技术需求内容	病虫害防控	16	40	18	19	13	45	63	14
	测土配方肥	23	41	12	21	8	38	18	20
	应对自然灾害	24	31	22	33	6	30	19	5
	节水灌溉技术	18	21	8	4	8	31	37	9
	青贮贮藏	11	16	21	11	10	11	2	6
	收获干燥	7	13	16	34	2	20	9	3
技术培训的内容	田间管理	26	47	30	47	15	33	80	45
	病虫害防控	15	35	29	43	10	23	77	28
	测土配方肥	11	31	26	39	6	20	49	36
	收获青贮	14	32	28	35	13	40	43	20

6.3.4 不同样本群体风险规避行为

牧草产业发展过程中存在诸多难题，尤其是种植、刈割、储存、运输和销售等诸多环节风险突出，不利于我国牧草产业持续稳定发展。就牧草生产风险及其影响来看，包括气候、土壤、生物、技术、管理和市场六类（孙启忠等，2013）。考虑到本研究的学科属性、主要研究内容和数据指标可得性等问题，调研中仅对牧草生产者面临的气候、技术、生物和市场四类风险进行了调查统计（表6－13）。总体而言，调研区域牧草种植者面临的主要是市场风险和气候风险。每一种具体风险类型的解释和其对牧草生产者产生的影响程度如下：

市场风险主要表现为价格过低问题。调研数据结果表明，58.25％的生产者表示在出售牧草过程中遇到过价格过低的情况；就市场风险的影响程度而言（1～5分，分数越高影响越大），生产者觉得价格过低给其带来的影响大于或等于3分的占比66.78％。

气候风险主要表现为旱灾、冻灾、涝灾和风灾等灾害。统计结果表明遭遇过上述灾害的牧草生产者分别占比53.32％、25.24％、39.09％和0.38％。就旱灾的影响程度而言，72.24％的样本户表示旱灾对牧草生产造成的影响分值大于或等于3分；就冻灾的影响程度而言，48.87％的样本户表示冻灾对牧草生产造成的影响分值大于或等于3分；就涝灾的影响程度而言，54.37％的样本户表示涝灾对牧草生产造成的影响分值大于或等于3分；就风灾而言，仅有两位样本生产者在牧草生产过程中遇到过风灾，对其牧草生产带来非常大的影响。

生物风险主要表现为病虫害问题。调研数据显示，37.57％的样本生产者在生产牧草过程中遇到过病虫害；就病虫害的影响程度而言，表示病虫害对牧草生产造成的影响分值大于或等于3分的生产者占样本总量的38.89％。

技术风险主要表现为播种、刈割、打捆和贮藏，分别有32.45％、17.27％、16.51％和16.89％的样本户表示在牧草生产过程遇到上述相应的技术风险。就播种技术风险的影响程度而言，67.25％的样本生产者表示所遇到的技术风险对其牧草生产的影响的大于或等于3分；就刈割技术风险的影响程度而言，35.16％的生产者觉得该项技术影响大于或等于3分；就打捆技术风险的影响程度而言，81.61％的样本户表示所遇到的打捆技术问题对其牧草生产的影响的分值大于或等于3；就贮藏技术风险的影响程度而言，33.71％的样本户表示所遇到的贮藏技术问题对其牧草生产的影响的分值大于或等于3。

表 6-13　样本生产者遇到的风险类型及其影响程度

风险类型	风险项目	未遇到	遇到过	影响程度		
				1分	2分	大于或等于3分
市场风险	价格过低	41.75%	58.25%	11.73%	21.50%	66.78%
气候风险	旱灾	46.68%	53.32%	9.96%	17.79%	72.24%
	冻灾	74.76%	25.24%	27.07%	24.06%	48.87%
	涝灾	60.91%	39.09%	14.08%	31.55%	54.37%
	风灾	99.62%	0.38%	0.00%	0.00%	100.00%
生物风险	病虫害	62.43%	37.57%	17.68%	43.43%	38.89%
技术风险	播种	67.55%	32.45%	19.30%	13.45%	67.25%
	刈割	82.73%	17.27%	10.99%	53.85%	35.16%
	打捆	83.49%	16.51%	10.34%	8.05%	81.61%
	贮藏	83.11%	16.89%	57.30%	8.99%	33.71%

资料来源：根据调研问卷整理。

（1）样本总体的风险规避行为。调研问卷设置了“您更愿意选择哪种方式进行存款”（1=年利率5%，保本保息；2=年利率20%，只保本；3=年利率50%，不保证本金）以测度农户的风险偏好程度。问卷统计结果显示，选择选项“1”“2”“3”的农户分别占比75.14%、19.54%、5.31%。说明调研区域牧草生产者的风险偏好整体属于风险厌恶型，因此会存在风险规避行为。在面对风险时可以借助正规风险规避机制和非正规风险规避机制来减弱或抵消风险冲击带来的影响。正规风险规避机制专门指用于风险处理的正式制度安排，主要包括现代社会保障和商业保险；非正规风险规避机制指除正规风险应对机制之外的其他风险规避措施，主要包括农户在生产过程中采取的种种规避风险的做法（马小勇，2009；王阳等，2010）。本研究以“您所在地区是否有牧草生产保险”“您是否购买了牧草生产保险”为代表性指标考察农户所采用的正规风险应对措施，结果表明有184个牧草生产者表示所在地区有牧草生产保险，占比34.91%，其中110个牧草生产者购买了牧草生产保险，占比20.87%。以“2018年您是否兼业”来代表性指标来了解牧草种植户的非正规风险应对机制，结果显示，64个农户在2018年有过兼业行为，占比12.14%。进一步考察生产者风险规避行为与其牧草种植面积决策之间的关系可知，未购买牧草生产保险的生产者平均种植面积为472.30亩，而购买牧草生产保险的生产者平均种植面积为 1 024.06 亩；没有兼业行为的牧草生产者种植面积平均为1 764.38 亩，而有兼业行为的牧草生产者种植面积 744.08 亩。有风险规避行为的生产者和无风险规避行为生产者的牧草种植面积均值是有明显的差异的。

（2）不同经营类型生产者风险规避行为。不同经营类型牧草生产者的风险规避行为存在一定的差异（表 6－14）。与种养一体化生产者相比，非种养一体化生产者中有正规风险规避行为和非正规风险规避行为的样本户占比均高于前者；与专业化牧草生产者相比，非专业化生产者中有正规风险规避行为的样本户占比低于专业化牧草生产者，但是有非正规风险规避行为的样本户占比高于专业化牧草生产者；与规模化牧草生产者相比，非规模化生产者中有正规风险规避行为的样本户占比低于规模化牧草生产者，但是有非正规风险规避行为的样本户占比高于规模化牧草生产者。总体来看，在有风险规避行为的生产者中，专业化和规模化两类牧草生产者更倾向于购买牧草生产保险等正规风险规避行为，而非专业化和非规模化两类牧草生产者更多采用兼业等非正规风险规避措施。

表 6－14　不同类型生产者风险规避行为

	正规风险规避行为		非正规风险规避行为	
	未购买牧草生产保险	购买牧草生产保险	未兼业	兼业
种养一体化生产者	84.33%	15.67%	88.40%	11.60%
非种养一体化生产者	71.15%	28.85%	87.02%	12.98%
专业化生产者	76.85%	23.15%	87.93%	12.07%
非专业化生产者	86.78%	13.22%	87.60%	12.40%
规模化生产者	55.56%	44.44%	91.36%	8.64%
非规模化生产者	83.41%	16.59%	87.22%	12.78%

（3）不同地区生产者风险规避行为。不同地区样本生产者的风险规避行为存在一定差异（表 6－15）。从有风险规避行为的生产者占各自省份样本量的比重来看，宁夏、山西和甘肃的牧草生产者采取购买牧草生产保险这样正规风险规避行为的样本户占比较高，分别达到了 57.14%、53.85%和 44.44%；采取兼业这样非正规风险规避行为的样本户比相对较大的是山西、河北和甘肃，分别为 23.08%、22.22%和 16.16%。

表 6-15　不同类型生产者风险规避行为

	正规风险规避行为		非正规风险规避行为	
	未购买牧草生产保险	购买牧草生产保险	未兼业	兼业
内蒙古	94.23%	5.77%	98.08%	1.92%
甘肃	55.56%	44.44%	83.84%	16.16%
宁夏	42.86%	57.14%	91.43%	8.57%
河北	98.41%	1.59%	77.78%	22.22%
山西	46.15%	53.85%	76.92%	23.08%
山东	75.00%	25.00%	92.71%	7.29%
贵州	98.82%	1.18%	92.94%	7.06%
四川	95.77%	4.23%	84.51%	15.49%

6.4　本章小结

基于 8 个省份实地调研数据，从样本来源及基本特征、样本生产者牧草种植基本情况和生产行为特征等方面对调研数据做了全面细致的统计分析，得出以下主要结论：

（1）从样本农户的基本特征看，就户主个人特征而言，户主年龄分布大致呈橄榄型分布，45～60 岁的农民是从事牧草种植的中坚力量；户主的受教育程度主要集中在小学和初中阶段。就样本农户的政策认知情况看，40.23%的样本生产者了解振兴奶业苜蓿发展行动计划，32.07%的生产者了解粮改饲政策。

（2）从样本户牧草种植基本情况看，样本户种草年数普遍较短，截至 2018 年，种草年数小于 4 年的样本占比 41.37%。就经营类型而言，非规模化、专业化以及种养一体化三种类型的生产者占样本比重较大。就牧草种植种类及地区分布而言，青贮玉米和苜蓿是种植最为广泛的牧草种类，其中青贮玉米在 8 个调研省份均有分布，而苜蓿则主要分布在北方省份。就生产投入行为而言，其他费用（包括租地费、农药费等）在所有牧草种类的总投入中占比均最高，具体到牧草种类来看，苜蓿、青贮玉米和黑麦草总成本结构中占比最高的投入均为其他费用（包括租地费、农药费等），燕麦草总成本结构中占比最高的投入为机械费。

（3）从样本户牧草生产行为特征看，就生产决策行为而言，94.12%样本生产者未来打算继续种植牧草，60.34%的样本户表示未来打算进一步扩大牧草种植规模，不同经营类型和不同地区样本户的生产决策行为存在一定差异。与非种养一体化、非专业化和非规模化牧草生产者相比，种养一体化生产者、专业化生产者和规模化生产者中有牧草种植意愿的样本户占比均较高，分别达到66.46%、63.55%和75.32%；与其他调研省份相比，宁夏和贵州有种植牧草意愿的生产者占比最多而河北占比最少。就组织化行为而言，65.46%样本生产者加入了农业产业化经营组织或专业合作社，不同经营类型和不同地区样本户的组织化行为存在一定差别。相比较非专业化、非规模化和非种养一体化样本生产者而言，专业化、规模化和种养一体化的牧草生产者中有组织化行为样本户所占比重较大；贵州、宁夏和甘肃三省有组织化行为的样本牧草生产者占比分别达到95.29%、94.29%和77.78%，四川的样本生产者中有组织化行为的占比相对较低，为32.39%。就技术选择行为而言，病虫害防控、测土配方肥和应对自然灾害的技术知识是当前牧草生产者在牧草种植过程中最需要的三类技术。就技术培训情况看，调研区域牧草生产者接受过牧草种植相关技术培训的占比七成以上，培训的内容主要是田间管理和病虫害防控。样本生产者的技术需求内容因经营类型和所在地区的不同呈现一定的差异。调研区域牧草种植者面临的主要是市场风险和气候风险，牧草生产者的风险偏好整体属于风险厌恶型，存在风险规避行为，有风险规避行为的样本生产者和无风险规避行为生产者的牧草种植面积均值是有明显差异的。此外，不同经营类型和不同地区牧草生产者的风险规避行为存在差异。

第七章　牧草生产者种植决策行为研究

通过对调研问卷的描述性统计分析发现，有风险规避行为的样本生产者和无风险规避行为生产者的牧草种植面积均值是有明显差异的，但是单纯的描述性统计分析难以控制可能对牧草生产者种植面积决策行为造成影响的其他因素，因此，本章构建计量经济模型来实证研究牧草生产者种植决策阶段关于“种多少”的决策行为。农业的本质和基本特征决定了它面临着比其他行业更多的风险冲击。在世界范围内中国是遭受农业自然灾害频次最多和损失程度最严重的国家之一，近年来每年有20%左右的农作物会受灾（刘亚洲等，2019）。农业生产中的风险规避，是指经营者通过生产计划安排或经营行为调整来减弱或消除风险带来的影响。发展中国家农户大多缺乏正式风险规避机制，如社会保障和商业保险等，他们一般通过社会网络内的风险统筹、跨时期收入转移、保守的生产行为来规避风险（马小勇，2006）。不管风险规避是一种选择还是生存的必须，风险规避程度和行为都会对农户的资源配置产生影响（弗兰克·艾利思，2006）。

国内已有研究表明，农户的风险规避程度会对其化肥施用量、农地转出概率和规模以及农药施用行为等产生影响（仇焕广等，2014；孙小龙等，2016；米建伟等，2012）。国内学者还发现，农户风险规避行为对农业生产经营决策也会产生影响（马小勇，2006；王阳等，2010）。20世纪70年代国外学术界针对风险经验研究主要出现了两种观点，一种观点认为农民是风险规避型的，当收入上升时农民的风险规避态度下降或者不变（Binswanger HP et al.，1983），而另外一种观点认为农民有愿意冒风险的迹象（Roumasset J A，1976，弗兰克·艾力思，2006）。20世纪以来，国外的研究重点，已经从对主观风险偏好的研究，转向对农民管理不确定性及其后果的应用性研究（Walker T S，1986；弗兰克·艾利思，2006）。农民管理不确定性的方式包括多样化的作物布局、地块的空间分布、分散风险或降低灾害后果的租佃合约以及拓宽家庭收入途径等。

牧草产业作为农业中的弱质产业，近几年随着“振兴奶业苜蓿行动计划”“南方现代草地畜牧业推进行动”“粮改饲”等项目和政策的推进迎来了较大发展机遇，但牧草产业在草地建植、生产管理、收获加工和储藏利用等过程中有很多风险存在，严重威胁着产业的持续稳定发展。就牧草生产风险来看，主要包括气候、土壤、生物、技术、管理和市场六类（孙启忠等，2013）。就降低风险的技术措施而言，张英俊等（2013）认为，将牧草和其他作物混种或间种，可降低多年生牧草生长缓慢所带来的减产风险，将豆科和禾本科混合青贮，可降低豆科牧草青贮风险。此外，部分地区形成系列专业牧草种植收获服务组织，可提供牧草生产整地、播种、打药、收割、打捆、青贮、运输甚至销售等全过程服务，降低农民面临的种草风险，提升其种植积极性（李锦华等，2016）。总体而言，已有研究对牧草种植者面临的风险及其可能的应对措施进行了分析和探讨，但对风险规避行为与牧草生产者种植决策行为之间关系的实证研究到目前为止还相当缺乏。有鉴于此，本章基于实地调研数据，采用实证分析方法尝试回答生产者风险规避行为是否影响其牧草种植面积决策？风险规避行为对不同经营类型生产者牧草种植面积决策产生的影响是否相同？哪些因素会对牧草生产者的“种多少”决策产生影响？影响不同类型生产者牧草“种多少”决策的因素存在哪些异同点？

7.1 理论分析与数据说明

7.1.1 理论分析

如果一个人对不确定事件及其后果有着自己的主观判断，他在选择中将追求预期效用最大化，“效用最大化”的含义是根据自己的个人目标做出决策，并使自己的“福利”或“幸福”达到最大（Anderson JR et al.，1977；弗兰克·艾利思，2006）。在风险很少或者没有风险的情况下，通常很容易做决策；风险越大、越复杂，做决策就会越困难。与从事其他职业的人一样，农民也有一些生活中的基本目标，其中一些目标可能是想得非常清楚具体，其他一些可能只有一个大概的、模糊的想要达到的状态。农民种植或者养殖，可能是为了自己食用，可能是为了赚钱，也可能是他没有种植或养殖以外其他能够带来收入的工作选择，还有可能是上述原因中某几个原因的集合或者其他原因。农民在自己的目标条件下做出关于农事的决策，这些目标指导和影响了农民的决策，因为做决策是为了达到自己的目标。图 7-1（a）展示了农民的基本决策过程，这个过程通常叫“决策环”。在面临风险时，农民不得不寻找应对风险的方法以保护自己和家庭，风险管理策略用来减少“坏结果”发生的机会。一般而言，尝试管理风险的农民应当遵循如图 7－1（b）所提供的步骤（Kahand，2008）。

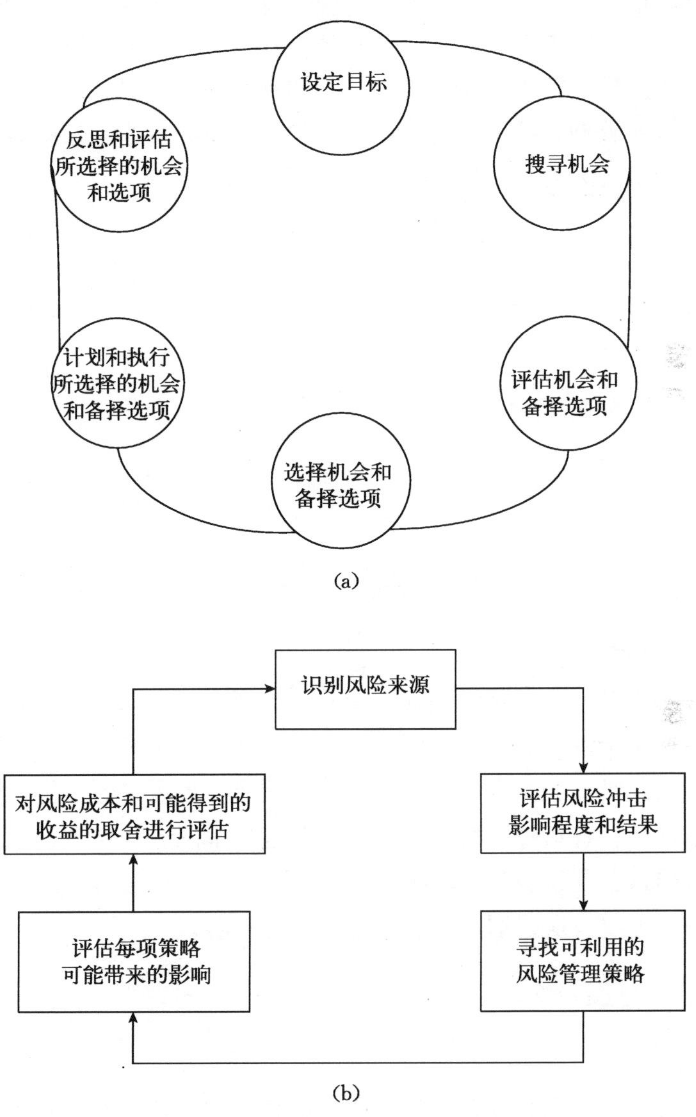

图 7－1　风险管理决策环与农业生产者风险管理步骤图

随着农业保险市场逐渐发展，农业保险经营主体日益增多，农户参保数量也在增加（庹国柱，2017；刘亚洲，2019），在实地调研中了解到一些地区相关政府部门与商业保险机构合作推出了牧草生产保险，所以一定程度上，保险成为牧草种植农户在面临风险时可利用的选择策略。因此，本研究预期，在其他条件不变的情况下，购买牧草生产保险的牧草生产者其种植面积要大于未购买牧草生产保险的生产者。此外，借鉴孙玉竹（2019）的研究，以是否兼业作为其非正规风险规避行为的代理变量，预期有兼业行为对生产者牧草种植面积决策会产生负向影响。结合上述理论分析和已有研究内容，风险规避视角下牧草生产者的种植决策分析框架如图 7－2 所示。

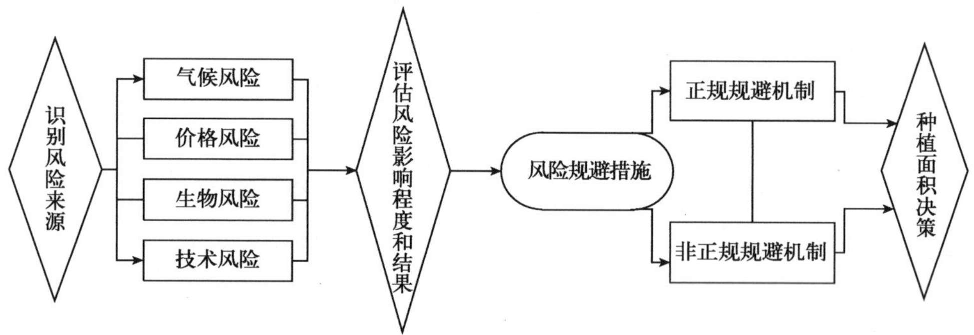

图 7－2　风险规避视角下生产者牧草种植决策影响分析框架

7.1.2　数据说明

本章所用数据主要来源于国家牧草产业体系产业经济研究室成员于 2018 年秋季和冬季对宁夏、甘肃、山西、山东、河北、四川和贵州 8 个牧草主产省区进行的实地调研，获得有效问卷 527 份。调研内容主要包括生产决策者个人及家庭基本特征、牧草种植面积和成本收益基本情况、生产者面临的产业生态条件、是否养殖草食家畜和种草年数等生产特征、生产过程中遇到过的风险类型及其影响程度以及所采取的风险规避行为等内容。

7.2　实证研究设计

7.2.1　模型设定

根据已有研究可知，除了风险规避行为外，户主及家庭基本特征、生产经营特征以及牧草产业发展的产业生态等因素都有可能对生产者的牧草种植决策行为产生影响，因此，本章建立如式（7－1）的计量经济模型来实证分析风险规避视角下牧草生产者种植决策行为的影响因素：

$$Area=\beta_0+\beta_1 Ourchase+\beta_2 Offwork+\beta_3(Controls)+\gamma+\varepsilon \tag{7-1}$$

式中，*Area* 为被解释变量——农户牧草种植面积；*Purchase* 和 *Offwork* 分别表示关键解释变量是否购买牧草生产保险和是否兼业；*Controls* 表示农户生产特征、个人及家庭特征、产业生态条件的控制变量组合；γ 为地区控制变量；β_0 和 ε 分别代表常数项和随机误差项。

7.2.2　变量说明

结合上述分析并参考前人研究成果（米建伟等，2012；王阳等，2010；Zeleke EA，2009），除关键解释变量外，本章最终选定了如表 7－1 所展示的系列控制变量，分别是代表生产特征的变量——草食牲畜养殖量、种草年数，代表生产者及其家庭特征的变量——年龄、受教育程度、健康状况、农业劳动力占比，代表牧草产业生态条件的变量——当地是否有草食家畜养殖企业、当地交通便利程度、当地灌溉用水紧缺程度、当地雇佣牧草生产机械难易程度、是否接受过牧草种植技术培训、周边农户是否有意愿或开始种草等。

表 7－1　变量说明一览表

变量名称（代码）	含义	均值
被解释变量		
2018 年牧草种植面积（*Area*）	亩	957.05
关键解释变量		
是否购买牧草生产保险（*Purchase*）	1＝是，0＝否	0.208 7
是否兼业（*Offwork*）	1＝是，0＝否	0.121 4
控制变量		
草食牲畜饲养量（*Aninub*）	标准羊单位	919.79
种草年数（*Gyear*）	年	6.855 7
生产决策者年龄（*Age*）	岁	47.533
生产决策者受教育程度（*Edu*）	1＝盲，2＝小，3＝初，4＝高中，5＝大学及以上	3.036 1
生产决策者健康程度（*Heal*）	1＝不健康，2＝一般，3＝ 健康	1.123 3

（续）

变量名称（代码）	含义	均值
家庭农业劳动力比重（*Flab*）	%	0.599 49
当地购买牧草难易程度（*Gsale*）	1=非常困难，2=比较困难，3=一般，4=比较容易，5=非常容易	3.153 7
当地是否有草食家畜养殖企业（*Lfirm*）	1=是，2=否	0.554 07
当地交通便利程度（*Road*）	1=非常不方便，2=比较不方便，3=一般，4=较方便。5=非常方便	3.612 9
当地灌溉用水紧缺程度（*Water*）	1=非常紧缺，2=比较紧缺，3=一般，4=较充足。5=非常充足	2.736 2
当地雇佣牧草生产机械难易程度（*Machine*）	1=非常困难，2=比较困难，3=一般，4=较容易，5=非常容易	3.148 0
是否接受过牧草种植生产技术培训（*Train*）	1=是，0=否	0.732 4
周边农户是否有意愿或已开始种草（*Phen*）	1=是，0=否	0.787 4

7.3 实证结果分析

7.3.1 基准回归

表7-2报告了本章的基准回归结果。模型（1）仅包含关键解释变量和地区控制变量。回归结果显示，是否购买牧草生产保险的回归系数显著为正，说明其可能对生产者牧草种植面积决策行为产生正向影响；是否兼业的回归系数显著为负，说明其可能对生产者牧草种植面积决策行为产生负向影响。模型（2）列中加入其他所有控制变量，关键解释变量与被解释变量之间的关系并未发生明显改变，说明控制了诸多其他因素后，购买牧草生产保险对生产者在牧草种植决策中土地要素投入行为具有促进作用；兼业行为对生产者在牧草种植决策中土地要素投入行为具有抑制作用。基准回归结果验证前文关于农户风险规避行为会对其牧草种植决策产生影响的预判，呼应了第六章统计分析的结果。同时，除了风险规避行为会影响牧草生产者种植面积决策外，生产决策者的受教育程度、草食家畜饲养量、当地是否有草食家畜养殖企业、当地雇佣牧草生产机械难易程度以及是否接受过牧草生产技术培训也会对生产者“种多

少”决策产生显著影响，且回归系数显著的各个控制变量符号基本符合预期方向。

表 7-2　基准回归结果

变量	模型（1）	模型（2）	变量	模型（1）	模型（2）
是否购买牧草生产保险	574.7*	812.1**	当地灌溉用水紧缺程度		−12.89
	(342.3)	(324.1)			(102.8)
是否兼业	−333.3*	−376.8*	当地雇佣牧草生产机械难易程度		318.4***
	(177.8)	(199.0)			(122.3)
草食牲畜饲养量		0.027 8**	是否接受过牧草种植生产技术培训		538.6***
		(0.012 6)			(147.4)
种草年数		13.04	周边农户是否有意愿或已开始种草		−60.72
		(25.55)			(239.3)
生产决策者年龄		2.022	内蒙古	648.6	1，018*
		(8.410)		(431.2)	(602.3)
生产决策者受教育程度		352.8***	甘肃	−92.72	−224.9
		(107.0)		(244.2)	(362.6)
生产决策者健康程度		381.8***	山东	197.9	346.0
		(135.2)		(259.3)	(494.1)
家庭农业劳动力比重		−277.3	宁夏	3，074***	2，473***
		(415.7)		(822.0)	(880.8)
当地购买牧草难易程度		10.88	山西	1，211**	893.2
		(66.29)		(612.7)	(678.2)
当地是否有草食家畜企业		828.1***	贵州	−464.2***	−49.01
		(208.6)		(165.8)	(513.8)
当地交通便利程度		−139.4	四川	−474.7***	504.3
		(114.1)		(158.6)	(430.0)
Observations	527	527			
R−squared	0.203	0.314			

注：***、**、* 分别表示 $p<0.01$、$p<0.05$、$p<0.1$，括号内为稳健标准误。

7.3.2 稳健性检验

（1）内生性问题处理。生产者牧草种植面积可能会反向影响其购买保险行为和兼业行为，因此上述回归可能存在内生性问题，为了解决内生性问题，本研究采用工具变量法重新估计回归方程。从地区层面的集聚数据中寻找工具变量来解决内生性问题是最为常见的思路之一（李龙等，2016；任天驰等，2018）。具体而言：①采用生产者所在地区是否有牧草生产保险作为其是否购买保险的工具变量，原因在于只有在所在地区有牧草生产保险的情况下才能购买，反之则无法购买，因此二者之间具有明显的相关关系，满足工具相关性要求。此外，宏观地区层面是否有牧草生产保险并不会对生产者的微观层面决策产生直接影响。②采用村级平均受教育水平作为农户是否兼业的工具变量，选择这个工具的变量的原因是村庄平均受教育水平与农户劳动力兼业比重有较强的相关性，一个区域学龄人口的外出务工现象通过吸引和示范作用，使更多的同龄人提早结束教育，加入务工队伍，与完成义务教育者相比，初中辍学者更有可能外出务工，因此，从长期来看，村级受教育水平与农户劳动力兼业化存在负向关系（张璟等，2015；任天驰等，2018；牛建林，2012），而村级平均受教育水平显然不会对农户层面的决策产生影响。

回归结果如表 7－3 所示，模型（3）的被解释变量为“是否购买保险”，解释变量为“所在地区是否有牧草生产保险”，结果显示二者之间高度相关；模型（4）的被解释变量为“是否兼业”，解释变量为“村级平均受教育水平”，结果同样显示二者之间高度相关；且第一阶段不可识别检验显示，Kleibergen-Paap rk LM 统计量的 p 值为 0.000 0，强烈拒绝不可识别的原假设；弱工具变量检验结果显示，两个 F 统计量均大于 10，说明不存在明显的弱工具变量问题；与此同时，第二阶段的结果，如模型（5）所示，生产者是否购买牧草生产仍与其牧草种植面积决策正相关，兼业行为仍与其牧草种植面积决策负相关。

表 7－3 工具变量法 2SLS 回归结果

变量	模型（3）	模型（4）	模型（5）
所在地区是否有牧草生产保险	0.580 2***		
	（0.039 3）		
村级平均受教育水平		−0.581 9***	
		（0.047 3）	

（续）

变量	模型（3）	模型（4）	模型（5）
是否购买牧草生产保险			800.4* (442.6)
是否兼业			−949.7** (428.0)
控制变量	引入	引入	引入
Kleibergen-Paap rk LM	67.92		——
Chi-sq（1）P-val	0.000		——
Cragg-Donald Wald F statistic	135.6		——
Kleibergen-Paap rk Wald F statistic	78.88		
Observations	527	527	527

注：***、**、* 分别表示 $p<0.01$、$p<0.05$、$p<0.01$，括号内为稳健标准误。

（3）模型稳健性检验。为了对模型的估计结果进行稳健性检验，进一步使用倾向得分匹配（PSM）方法重新估计本章所重点关注的两个关键解释变量和被解释变量之间的关系，即考察购买保险的生产者和未购买保险的生产者两组间牧草种植面积平均差异是否显著，以及有兼业行为的生产者和没有兼业行为的生产者两组间牧草种植面积平均差异是否显著。Area 为结果变量，Purchse 和 Offwork 为处理变量，同时将基准模型中的控制变量作为协变量纳入估计过程，默认使用 Logit 估计倾向得分，“ATET”表示估计“参与者平均处理效应，默认估计所有个体的“平均处理效应”，结果如表 7-4 所示。在控制其他变量的情况下，购买保险的生产者其平均处理效应在 1%的水平上统计显著，系数符号为正，这说明其牧草种植面积要多于未购买保险的生产者。同理，在控制其他变量的情况下，有兼业行为的生产者其平均处理效应在 10%的水平上统计显著，系数符号为负，这说明其牧草种植面积要少于没有兼业行为的生产者。虽然与基准回归结果相比在系数的具体数值上略有差别，但是采用倾向得分匹配（PSM）方法估计得到的结果同样表明生产者是否购买保险及兼业行为等风险规避措施会对其牧草种植面积决策产生显著影响。

表 7-4　PSM 结果

	Area	系数	AI 稳健标准误	Z 值	P 值
平均处理效应	是否购买牧草生产保险 (1 vs 0)	984.475 7	212.766 4	4.63	0.000
	是否兼业 (1 vs 0)	−372.106 6	226.108 7	−1.65	0.100

7.4　不同类型生产者牧草种植决策影响因素

前文基准回归的结果表明，在控制其他因素不变的情况下，风险规避行为会对牧草生产者的种植决策产生一定的影响并且这种影响存在异质性。上述回归结果验证了一般意义上的牧草生产者整个群体种植决策影响因素，即购买牧草生产保险、兼业等风险规避行为会影响牧草生产者的种植决策，但是，经济生活实践告诉我们仅仅了解生产者整个群体决策行为的影响因素容易造成政策发力不精准的问题，因此需要进一步将生产者详细划分不同经营类型做深层次的探讨。不同类型生产者牧草种植决策的影响因素既有共性因素也有个性因素，其中共性因素正是进行政策精准调控的着力点。仍然使用本章设定的计量经济模型来实证分析不同类型牧草生产者种植决策影响因素，回归结果见表 7-5。通过回归结果可以看到，风险规避行为对不同类型牧草生产者种植

表 7-5　不同类型生产者牧草种植面积影响因素回归结果

变量	种养一体化生产者	非种养一体化生产者	专业化生产者	非专业化生产者	规模化生产者	非规模化生产者
是否购买牧草生产保险	257.42	866.21	677.87*	1 182.33	1 536.04	69.55
	355.80	679.29	358.09	731.44	1 196.57	42.72
是否兼业	−274.91	−393.34	−450.85*	−82.83	0.00	−31.38
	257.127	489.085	234.59	313.107	0.00	32.388
草食牲畜饲养量	0.04***	0.00	0.01	0.04***	0.01	0.00
	0.01	0.00	0.02	0.01	0.02	0.00
生产决策者年龄	7.89	−9.67	8.14	−13.94*	28.60	−1.58
	8.84	12.86	10.94	8.03	80.12	1.010

（续）

变量	种养一体化生产者	非种养一体化生产者	专业化生产者	非专业化生产者	规模化生产者	非规模化生产者
生产决策者受教育程度	59.39	522.91***	372.10***	272.23*	899.91*	29.17**
	89.08	150.57	121.39	153.37	506.824	11.62
生产决策者健康程度	312.79**	456.17*	425.16**	−57.46	22.33	−14.19
	140.72	273.04	166.03	325.58	1 717.952	25.01
家庭农业劳动力比重	532.74*	−24.94	−489.16	160.14	4 059.49**	−57.91
	271.44	756.880	536.83	458.81	1 728.05	48.84
种草年数	9.65	35.66	13.62	25.53	−8.99	7.96**
	19.82	43.25	27.68	55.48	86.39	3.16
当地购买牧草难易程度	−60.12	167.71	−3.29	59.08	−410.02	9.35
	64.38	105.14	101.05	46.66	473.09	8.99
当地是否有草食家畜企业	199.53	1 376.26	846.96***	472.65	3 163.29**	64.29***
	191.78	356.62***	250.67	294.83	1 220.41	22.17
当地交通便利程度	−136.96	−137.54	−171.65	151.25	−665.04	−22.05
	118.73	219.25	143.46	100.06	459.94	15.55
当地灌溉用水紧缺程度	64.09	−49.06	−90.84	16.35	535.14	8.54
	80.35	241.05	138.57	89.62	656.04	11.88
当地雇佣牧草生产机械难易程度	84.19	581.07**	411.91***	72.75	1 156.83**	8.48
	95.07	235.65	145.55	146.20	514.12	13.911
是否接受过牧草生产技术培训	246.20	798.82**	651.68***	316.57	1 288.01	82.32***
	158.36	319.20	196.10	219.56	1 773.99	25.25
周边农户是否有意愿或已种草	−10.65	−119.25	88.34	−154.15	243.644	−39.37
	228.34	440.87	302.519	404.87	1 257.472	26.55
地区控制变量	加入	加入	加入	加入	加入	加入
常数项	1 650.001	4 186.74*	−1 697.24	−2 036.22	202.34	−7 607.95
	1 338.06	2 310.22	1 694.49	1 389.93	150.17	5 033.38
R-squared	36.97	47.47	32.27	48.46	32.41	35.53

注：***、**、*分别表示在 $p<0.01$、$p<0.05$、$p<0.1$，括号内为稳健标准误。

面积决策产生的影响差异显著。具体而言，风险规避行为对只种植牧草一种作物的专业化生产者的种植面积决策影响极其显著而对其他类型生产者无显著影响，其中购买牧草生产保险的正式风险规避行为对专业化牧草生产者“种多少”决策产生显著正向影响，而兼业行为这样非正式风险规避行为对其“种多少”决策产生显著负向影响。虽然风险规避行为对种养一体化、非专业化等牧草生产者种植面积决策的影响不显著，但是在回归系数的符号上均呈现出一致的现象，即“是否购买牧草生产保险”的符号为正，“是否兼业”的符号为负。

7.4.1 不同经营类型生产者牧草种植决策影响因素

就种养一体化生产者牧草种植面积决策的影响因素而言，草食家畜饲养量、生产决策者的健康状况、家庭农业劳动力比重以及是否接受过牧草生产技术培训是种养一体化生产者牧草种植面积决策的显著性影响因素。在其他条件不变的情况下，草食家畜饲养量越多，那么生产者的牧草种植面积可能越多。在其他条件不变的情况下，种养一体化属于劳动密集型经营，所以对劳动力的数量要求比较高，因此生产决策者的健康状况和家庭中农业劳动力比重会对该类型生产者的牧草种植决策产生显著正向影响。在控制其他因素情况下，接受过牧草生产技术培训也会正向影响种养一体化生产者的牧草种植面积决策，可能的原因在于，由于在耕地上种草属于相对新兴的事物，很多生产者对牧草各项习性特征不清楚，在土地要素的投入上会比较谨慎，接受过牧草生产技术的相关培训，对牧草的各项习性特征有了一定的了解后可能就敢于多投入一些土地面积。

就非种养一体化生产者牧草种植面积决策的影响因素而言，生产决策者的受教育水平和健康状况、当地是否有草食家畜养殖企业、当地雇用牧草生产机械难易程度以及是否接受过牧草生产技术培训是非种养一体化生产者牧草种植面积决策的显著性影响因素。在其他条件不变的情况下，受教育程度会正向影响非种养一体化生产者的牧草种植面积决策。由于一般情况下，一个人的受教育程度代表了其认知水平和理解能力，受教育水平高的生产者对新事物的认知和政策的理解相对充分，对于种植者而言，种植粮食作物和经济作物也已形成习惯，种植牧草属于相对新事物，随着“粮改饲”“草牧业”等政策和试验试点的推进，牧草种植能够逐渐被一些认知水平较高的种植者认可。对于非种养一体化牧草生产者而言，种草的目的一定是为了售卖，因此稳定的市场需求是其在决定种多少时着重考虑的因素，当地有草食家畜养殖企业就会形成相对稳定的牧草需求，所以会对该类生产者的牧草种植面积决策产生正向影响。

就专业化生产者牧草种植面积决策的影响因素而言，是否购买牧草生产保险、兼业行为、生产决策者的受教育水平和健康状况、当地是否有草食家畜养殖企业、当地雇用牧草生产机械难易程度以及是否接受过牧草生产技术培训是专业化生产者牧草种植面积决策的显著性影响因素。对于专业化牧草生产者而言，种草的目的是为了售卖获取经济回报，因此稳定的市场需求和草产品产量是其在决定种多少时着重考虑的因素，当地有草食家畜养殖企业就会形成相对稳定的牧草需求，购买了牧草生产保险后若遭遇了风险冲击导致产量损失可获得一定的经济补偿，这就弥补了产量下降后带来的经济效益下降，稳定了生产者的收益预期，所以正规风险规避行为和当地是否有草食家畜养殖企业会对该类生产者的牧草种植面积决策产生正向影响。此外，在其他条件不变的情况下，兼业这样的非正式风险规避行为会对专业化生产者的牧草种植面积决策产生负向影响，虽然兼业可能会拓展家庭经济收入来源，但是也不可避免地会占据生产者劳动时间从而减少生产者在牧草种植方面投入的实物要素和管理精力。

就同时种植牧草和粮食等其他作物的非专业化生产者牧草种植面积决策的影响因素而言，草食家畜饲养量、生产决策者年龄以及生产决策者的受教育程度是非专业化生产者牧草种植面积决策的显著性影响因素。其中草食家畜饲养量和生产决策者的受教育程度的影响显著为正，而在其他条件不变的情况下，生产决策者年龄对非专业化生产者牧草种植面积决策的影响显著为负，这符合农业生产的一般规律。

7.4.2　不同规模的生产者牧草种植决策影响因素

就规模化生产者牧草种植面积决策的影响因素而言，生产决策者的受教育程度、家庭农业劳动力比重、当地是否有草食家畜养殖企业以及当地雇用牧草生产机械难易程度是规模化生产者牧草种植面积决策的显著性影响因素。对于规模化生产者而言，在其他条件不变时，如果当地有草食家畜养殖企业会显著正向影响生产者牧草种植面积，究其原因，养殖业是牧草产业最主要的需求方，当地有草食家畜养殖企业，就会形成较为稳定的市场需求，生产者就不用担心种了牧草卖不出去，预期增加种植面积会带来相应的经济效益，因此相对而言就会投入较多的土地。同理，在其他因素不变时，当地雇用牧草生产机械难易程度对规模化生产者牧草种植面积决策产生显著正向影响，可能的原因在于较大规模的牧草种植、刈割、打捆、运输和贮藏等环节必须仰仗机械作业来提高生产效率，尤其是牧草的刈割期有严格的时间期限且受天气影响较大，若因没有机械及时收割而错过最佳刈割期会对生产造成较大的影响，包括牧草的品质和产量都会遭受一定的损失。

就非规模化生产者牧草种植面积决策的影响因素而言，生产决策者的受教育程度、种草年数、当地是否有草食家畜养殖企业、是否接受过牧草生产技术培训是非规模化生产者牧草种植面积决策的显著性影响因素。在其他条件不变的情况下，种草年数对非规模化生产者牧草种植面积的决策产生显著正向影响。此外，生产者决策者的认知水平、牧草需求市场是否存在以及技术培训也会显著正向影响非规模化生产者的牧草种植面积决策。

通过模型回归结果，一是，我们可以看到风险规避行为对专业化生产者的牧草面积决策产生显著影响，对非专业化、种养一体化、非种养一体化等类型生产者的牧草种植面积决策无显著影响。二是，除了风险规避行为外还有其他影响牧草生产者“种多少”决策的因素，不同类型生产者牧草种植面积决策的影响因素存在一定的差异，但是也有一些共性影响因素，如当地是否有草食家畜养殖企业会显著正向影响非种养一体化、专业化、规模化以及非规模化四类牧草生产者的种植面积决策；牧草生产机械的可得性对非种养一体化、专业化、规模化三类生产者的牧草种植面积决策产生显著正向影响。

7.5 本章小结

本章首先对农户风险规避行为及其对农户经营决策影响等相关国内外文献进行了简要梳理，然后基于理论分析构建了本章的分析框架，在此基础上使用微观农户实地调研数据通过构建计量经济模型实证分析牧草生产者种植决策行为并进一步深入探究不同类型生产者牧草种植决策的影响因素，得出以下主要结论：

（1）在其他因素不变的条件下，牧草生产者的风险规避行为会对其牧草种植面积决策产生影响，具体而言，购买牧草生产保险对生产者的牧草种植决策产生显著正向影响，而兼业行为对生产者的牧草种植决策具有显著负向影响。风险规避行为对不同类型牧草生产者的影响不同，主要对专业化牧草生产者种植面积决策产生显著影响，对其他类型的生产者无显著影响。

（2）除了风险规避行为外，还有一些重要因素也会影响牧草生产者“种多少”决策，不同类型生产者牧草种植面积决策影响因素既存在差异也有一些共性因素。从不同经营类型看，对于种养一体化的牧草生产者而言，牧草种植面积决策的显著性影响因素包括草食家畜饲养量、生产决策者的健康状况、家庭农业劳动力比重以及是否接受过牧草生产技术培训，非种养一体化牧草种植面积决策的显著性影响因素有生产决策者的受教育水平和健康状况、当地是否有草食家畜养殖企业、当地雇用牧草生产机械难易程度以及是否接受过牧草生产技术培训。对于专业化牧草生产者来说，牧草种植面积决策的显著性影响因素为是否购买牧草生产保险、兼业行为、生产决策者的受教育水平和健康状况、当地是否有草食家畜养殖企业、当地雇用牧草生产机械难易程度以及是否接受过牧草生产技术培训，非专业化牧草种植面积决策的显著性影响因素包括草食家畜饲养量、生产决策者年龄以及生产决策者的受教育程度。

从不同种植规模看，对于规模化牧草生产者而言，牧草种植面积决策的显著性影响因素为生产决策者的受教育程度、家庭农业劳动力比重、当地是否有草食家畜养殖企业以及当地雇用牧草生产机械难易程度；对非规模化牧草生产者而言，牧草种植面积决策的显著性影响因素为生产决策者的受教育程度、种草年数、当地是否有草食家畜养殖企业、是否接受过牧草生产技术培训是非规模化生产者牧草种植面积决策的显著性影响因素。能够影响三种及以上类型生产者牧草种植面积决策的因素包括生产决策者受教育程度、当地是否有草食家畜养殖企业、当地雇用牧草生产者机械难易程度、是否接受过牧草生产技术培训，充分说明生产决策者的认知水平、牧草需求市场的发展情况、牧草生产机械的可得性以及牧草生产相关技术的推广情况会显著影响不同类型生产的牧草种植面积决策行为。

第八章　牧草生产者未来种植意愿及其影响因素

在对牧草生产者种植决策阶段中关于“种多少”到底受到哪些因素影响进行实证研究后，本章尝试对牧草生产者在“种多少”的下一个种植决策阶段即关于“未来还种不种”到底受到哪些因素影响进行实证研究。因为就牧草生产而言，短期内促进产业发展更需依靠生产者种植牧草的意愿。通过对调研问卷数据进行描述性统计已经知道有60.34%的样本生产者未来有继续种植牧草且扩大种植规模的意愿且不同类型生产者种植牧草的意愿存在明显差别。那么哪些因素会显著影响生产者种植牧草的意愿？不同类型生产者种植牧草意愿的影响因素存在哪些异同点？

国内农业经济学界对农户种植意愿以及种植规模调整意愿问题展开诸多针对性研究。从研究对象看，大部分文献对农户种植粮食意愿的影响因素进行了分析和探讨，如周清明（2009）、龙方等（2012）、靳庭良（2013）、魏君英等（2015）、方蕊等（2019）；还有一部分文献围绕农户对具体某一种作物的种植意愿进行了研究，如陈艳红等（2014）对黑龙江农户优质稻米种植意愿的影响因素进行回归分析，王文信等（2014）基于黄淮海地区农户调查数据对当地农户参与订单种植苜蓿的意愿的影响因素进行了分析，马力阳（2019）分析了丘陵山地地区农户马铃薯种植规模调整意愿及其影响因素。从研究方法看，应用最广泛的模型是Logistic回归模型（陈秧分等，2009；马力阳，2019；刘克春，2010），也有部分文献使用了AHP分析方法、因子分析和结构方程模型（龙方等，2012；姚增福等，2010）。从研究结论看，影响农户种植意愿的因素既包括内部因素也涵盖外部环境条件，内部因素主要包括户主的年龄、受教育程度、非农就业情况、家庭人口数以及对粮食生产收入预期等方面，外部环境条件主要是指补贴政策、涉农技术培训、水资源情况、是否出现严重灾害、当地交通条件、产业化组织发展及服务情况等（周清明，2009；陈秧分等，2009；刘克春，2010；靳庭良，2013；陈艳红等，2014；魏君英等，2015；马力阳，2019）。

国外文献关于农户种草意愿或积极性展开了较为详尽的研究，但是其研究对象主要是能源草，饲料草的研究较为少见（Westonm E et al.，2018；Pimenteld et al.，2009；Borras SM et al.，2010；Miriam et al.，2011；German L et al. 2017）。虽然具体的研究对象与本研究略有差别，但是研究目的和研究方法上存在相同之处。研究目的上都是想探究农户种植决策背后的基本原理，即是否种植某种作物到底是由哪些因素决定的。从研究方法上看，统计分析、因子分析和 Logistic 回归模型是使用频率较高的几种方法（Miriam et al.，2011；Westonm E et al.，2018）。就研究结论而言，关于耕地用途的决定不仅基于经济上的必要性，还基于耕作方式、租赁相关的社会关系、生产者对景观的审美判断，对环境管理的价值观以及对自然、家庭和社区的态度等的关注（Walterg，1997；Wilson D et al.，2003；Urban M A 2005；White S S et al.，2009）。总之，很多经济、人口、产业结构和社会限制、非商业化生产目标等因素影响着土地所有者关于是否在自己的土地上种植能源作物的决定（Dorning MA et al.，2015；Swinton S M et al.，2017）。

已有国内外文献为本章研究内容的开展提供了很多有价值的参考，由于我国牧草产业起步较晚，学界针对牧草种植意愿的研究还相对缺乏，而了解生产者种植牧草的意愿到底受到哪些因素的影响对于加速种植业结构调整进而推进农业供给侧结构性改革助力乡村振兴都具有一定的现实意义。

8.1　理论分析与变量选择

8.1.1　理论分析

本研究假定农户做出是否种植牧草的决策取决于牧草种植预期收益情况，当预期收益增加时，生产者种植牧草意愿也会提高。除此之外，参考已有相关文献，如曹芳（2005）、龙方等（2012）、陈艳红（2014）、王文信等（2014）以及方蕊等（2019）的研究，本研究认为政府补贴等政策亦会影响农户的牧草种植意愿，同时，农户对土地使用的决策还会受到自身特征、生产经营情况、产业生态条件等方面因素的影响。基于上述分析，并借鉴 White S S 等（2009）、Miriam 等（2011）关于农户种植能源草决策的分析，构建了如图 8-1 所示的分析框架。

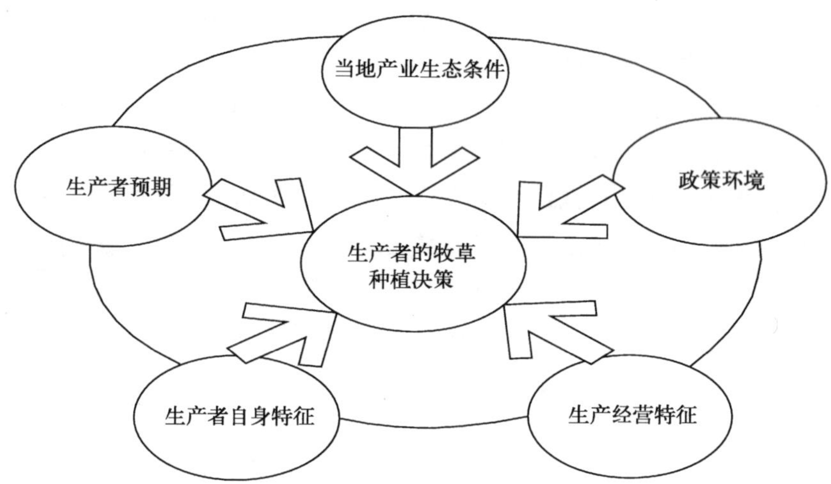

图 8-1 生产者牧草种植意愿的影响因素分析框架

8.1.2 变量选择

数据来源于国家牧草产业体系产业经济研究室成员于 2018 年秋季和冬季对宁夏、甘肃、山西、山东、河北、四川和贵州 8 个牧草主产省区进行的实地调研，获得有效问卷 527 份。调研内容主要包括生产决策者个人及家庭基本特征、牧草种植面积和成本收益基本情况、生产者对种植牧草的收益满意度以及其对牧草收益的预期、生产者面临的产业生态条件、是否养殖草食家畜和种草年数等生产特征以及是否享受到牧草生产的有关政策补贴等方面内容。关于变量选择与含义的具体说明如下：

(1) 牧草种植意愿。生产者牧草种植意愿属于种植决策阶段中关于“种不种”的决定，本章选取该变量为因变量，具体含义为在实地调研中若受访生产者“未来打算继续种植牧草”且“愿意进一步扩大种植牧草的规模”，则视为生产者具有牧草种植意愿，即 $y=1$；否则，视为生产者无牧草种植意愿，即 $y=0$。

(2) 种植牧草的收益满意度 ($Satsf$)。一般而言，生产者若对目前种植牧草的收益越满意，其越有可能未来继续种植牧草并扩大种植面积。本章用“您对目前种植牧草的收益满意吗?”来衡量生产者种草收益的满意度，若受访生产者表示“非常不满意”，则 $Satsf=1$；表示“不太满意”，则 $Satsf=2$；表示“一般满意”，则 $Satsf=3$；表示“比较满意”，则 $Satsf=4$；表示“非常满意”，则 $Satsf=5$。

(3) 种植牧草收益的预期 ($Expe$)。若生产者预期未来种植牧草能够带来较好收益增加其收入，这就容易激发其种植牧草的积极性。本章用“未来您对种植牧草收益的判断是?”来代表生产者对种植牧草收益的预期，若受访生产者表示“悲观”，则 $Expe=1$；表示“比较悲观”，则 $Expe=2$；表示“不确定”，则 $Expe=3$；表示“比较乐观”，则 $Expe=4$；表示“非常乐观”，则 $Expe=5$。

(4) 是否享受到牧草生产有关政策补贴 ($Plcy$)。农业补贴是农户农业收入的组成部分，体现了国家农业政策导向（方蕊等，2019）。政策补贴的额度越高，生产者的牧草生产收入越高；享受到相关补贴的生产者相对于未享受到的生产者而言，其未来继续种植牧草和扩大种植面积的可能性越高。若受访生产者享受到牧草生产的有关政策补贴，则 $Plcy=1$，反之，$Plcy=0$。

(5) 生产决策者年龄 (Age)。虽然目前中国农村的农业劳动力没有法定退休年龄的说法，只要身体状况允许，仍会从事农业生产活动，比如本研究的调研样本中就有多位 60 岁以上的牧草生产者，占样本比重为 11.01%。但就一般规律而言，尤其是对于种植牧草这种相对新式的作物而言，年龄越大的生产者其扩大种植规模的可能性会相对越低。

(6) 生产决策者受教育程度 (Edu)。受教育程度在一定程度上决定了其认知水平，而认知水平对一个人的决策尤其是其对新事物的接受能力可能会产生某种影响。若受访生产者没有上过学，则 $Edu=1$；上过小学，$Edu=2$；上过初中，$Edu=3$；上过高中，$Edu=4$；读过大学及以上，$Edu=5$。

(7) 生产决策者健康状况 ($Heal$)。健康状况是生产者自身特征的重要组成部分，一般情况下，健康状况好的生产者在各项农事活动中会更有积极性和精力，反之则可能是有心无力。若受访生产者身体状况为不健康，则 $Heal=1$；身体状况一般，则 $Heal=2$；身体健康，则 $Heal=3$。

(8) 是否兼业经营 ($Offwork$)。对于有兼业行为的生产者来说，农业收入可能不是家庭收入的主要来源，尤其在农业比较效益整体偏低的情况下，可以预见兼业经营会降低生产者种植牧草的积极性。本研究中，若生产者存在兼业行为，则 $Offwork=1$，反之 $Offwork=0$。

(9) 是否加入产业化经营组织或专业合作社 ($Organize$)。一般情况下，与农业产业化经营组织合作或者加入合作社的组织化行为会增加生产者继续种植牧草的积极性。本研究中，若生产者加入产业化经营组织或专业合作社，则 *Organize*=1，反之 *Organize*=0。

（10）是否养殖草食家畜（*Animal*）。作为饲喂草食家畜的青粗饲料是牧草的最主要用途，因此，饲养草食家畜的家庭相对于没有养殖草食家畜的生产者而言，其未来继续种植牧草并扩大种植规模的可能性越大。本章中，若受访生产者养殖草食家畜，则 *Animal*=1，反之 *Animal*=0。

（11）种草年数（*Gyear*）。若生产者已经种植了较多年数的牧草，积累了一定的经验技术，且种植牧草年数越多，说明其对种植牧草所获得的收益或者效用是比较满意的，因此其在未来继续种植牧草的积极性可能越高。

（12）当地是否有草食家畜养殖企业（*Lfirm*）。一般情况下，若当地有草食家畜养殖企业意味着存在牧草需求市场，一旦有了稳定的市场需求生产者可能就会有较高的积极性去继续种植牧草和扩大种植规模。本章中，若受访者表示当地有草食家畜企业，则 *Lfirm*=1，反之，*Lfirm*=0。

（13）当地灌溉用水紧缺程度（*Water*）。灌溉水对作物生长的重要性不言而喻，尤其对苜蓿等用水量较大的牧草作物而言，若当地灌溉用水非常紧缺的话，考虑的交易成本等问题，可能会降低生产者种植牧草的积极性。若受访生产者表示当地灌溉用水“非常紧缺”，则 *Water*=1；表示“比较紧缺”，则 *Water*=2；表示“一般”，则 *Water*=3；表示“比较充足”，则 *Water*=4；表示“非常充足”，则 *Water*=5。

（14）当地交通条件便利程度（*Road*）。调研中了解到，一些地方由于当地交通条件不太好，牧草收获机械和运输车辆进出不便，无法及时收获的牧草堆积在地里，造成了经济损失，一定程度上也损伤了农户继续种植牧草的信心和积极性；但同时也应注意到，交通便利程度越高的地区说明当地经济发展水平相对越高，田祖海等（2008）研究表明交通发展是区域经济增长不可或缺的重要因素，提高了地区资源整合度、壮大了县域经济同时促进农村剩余劳动力更多、更快地向外转移，因此交通条件的便利程度也可能会负向影响生产者种植牧草的积极性。若受访生产者表示当地交通条件“非常不便利”，则 *Road*=1；表示“交通不便利”，则 *Road*=2；表示“一般”，则 *Road*=3；表示“交通较好”，则 *Road*=4；表示“非常便利”，则 *Road*=5。

（15）当地雇佣牧草生产机械的难易程度（*Machine*）。上一章的研究结论表明，牧草生产机械的可得性会显著影响生产者牧草种植面积的决策，因此，它可能也是影响生产者未来牧草种植意愿的一个因素。问卷中用“当地雇佣各种牧草生产机械难易程度”来衡量牧草生产机械的可得性。若受访生产者表示“非常困难”，则 $Machine=1$；表示“比较困难”，则 $Machine=2$；表示“一般”，则 $Machine=3$；表示“比较容易”，则 $Machine=4$；表示“非常容易”，则 $Machine=5$。

（16）是否接受过牧草生产技术培训（*Train*）。接受过牧草生产技术培训的生产者对牧草及其种植或田间管理的熟悉程度和信心可能较未接受过培训的生产者更大，可能其未来选择继续种植牧草的可能性也更大。若受访生产者表示接受过牧草生产技术培训，则 $Train=1$，反之 $Train=0$。

（17）周边村镇生产者是否已经种草（*Phen*）。从生产实践看，生产者的种植决策在一定程度上会受所在的临近地域范围内其他生产者的影响；若周边村镇生产者是否已经开始种草，说明当地形成了较好的种植牧草的氛围，这种氛围也可能会对生产者的未来种植意愿产生影响。若受访生产者表示边村镇生产者是否已经开始种草，则 $Phen=1$，反之 $Phen=0$。

8.2　模型设定与变量说明

8.2.1　模型设定

基于上述理论分析可知，生产者未来牧草种植意愿受生产者自身特征、生产经营特征、对种植牧草的预期、产业生态条件、政策环境以及其他未知因素的共同影响。在本章的研究内容中，生产者未来有无牧草种植意愿属于二者选一的决策，因此可以在选择模型框架下进行分析。田维明（2005）关于选择模型的历史进行了极为详尽的描述：“用 P 表示某个事件发生的概率，Z 表示决定该事件发生概率大小的某种指标，$F(Z)$ 为反映两者间关系的累计概率分布函数，此时应有 $P_i=F(Z_j)$，Z 是隐变量，Z 的数值大小取决于已知的影响因素 X，两者间的函数关系为：

$$Z_i=X_i\beta+\mu_i \tag{8-1}$$

可观察到两种情况：用 Z^* 表示改变选择的临界点，如果 $Z_i>Z^*$，那么有 $Y_i=1$，即选择了该事物，如果 $Z_i\leqslant Z^*$，有 $Y_i=0$，则未选择该事物。因而二元选择模型可以看作是隐变量 z 的体现形式，那么若能够估计出隐变量与影响因素之间的函数关系就可以对二选一的决策进行分析，为了有效解决这一问题计量经济学家提出了Probit模型和 Logit 模型”。参考已有相关文献并综合考量本章研究目标，最终选用 Logit 模型来实证分析生产者牧草种植意愿的影响因素，在该模型中解释变量既可以是离散变量，也可以是连续变量，Logit 模型的基本表达式形式为（田维明等，2005）：

$$P_i = F(Z_i) = F(X_i\beta) = \frac{1}{1+e^{-2i}} \tag{8-2}$$

Logit 模型基于累积逻辑概率函数，是一个非线性函数，但是可以方便地变换为线性函数，最终可得到如下表达式（田维明等，2005）：

$$\log\left(\frac{P_i}{1-P_i}\right) = Z_i = X_i\beta \tag{8-3}$$

由此设定本章所用模型的表达式为：

$$\log\left(\frac{P}{1-P}\right) = \alpha X_i + \beta(Control) + \mu_i \tag{8-4}$$

P 表示生产者有种植牧草意愿的概率，X_i 代表影响生产者牧草种植意愿的变量组合；由于各地的政策环境、产业生态条件有所不同，且考虑到调研地区的牧草生产者牧草种植积极性也是存在差别的，因此在模型中加入了地区控制变量组合——*Control*。α、β 为待估系数，μ_i 表示随机误差项，$\frac{P}{1-P}$表示有牧草种植意愿和无牧草种植意愿这两种选择的机会比（odds ratio）或概率比。一般采用最大似然法估计 Logit 模型。

8.2.2 变量说明

变量描述性统计，本章所涉及的变量的描述性统计分析如表 8－1 所示。这里需要特别说明的是，本研究中的“产业生态”主要是指“与产业出现密切相关并且能够影响产业发展速度或从业者行为决策的相关社会、经济和自然条件”。具体到牧草生产者面临的产业生态而言，本研究使用 6 个指标对其进行定义和描述，分别是经济条件方面代表市场需求状况的“当地是否有草食家畜养殖企业”、代表交通运输条件的“当地交通便利程度”，自然条件方面代表水资源丰裕度的“当地灌溉用水紧缺程度”，社会条件方面代表生产社会化服务体系发展情况的“当地雇用牧草生产机械的难易程度”、代表农业技术推广服务情况的“是否接受过牧草生产相关技术培训”和代表当地种草氛围情况的“周边村镇生产者是否已经开始种草”。

表 8-1　变量描述性统计

	变量名称	均值	标准差.	最小值	最大值
因变量	种草意愿	0.60	0.49	0	1
生产者预期	目前种植牧草收益满意度	3.42	0.86	1	5
	未来对种植牧草收益判断	3.56	0.73	1	5
政策环境	是否享受到牧草生产政策补贴	0.55	0.50	0	1
生产者自身特征	年龄	47.54	9.81	21	76
	受教育程度	3.04	1.04	1	6
	健康状况	1.12	0.38	1	3
生产经营特征	是否兼业	0.12	0.33	0	1
	是否加入产业化经营组织或合作组织	0.66	0.48	0	1
	是否养畜	0.61	0.49	0	1
	种草年数	6.86	5.99	1	34
当地产业生态条件	当地是否有草食家畜养殖企业	0.55	0.50	0	1
	当地交通条件便利程度	3.6	0.88	1	5
当地产业生态条件	当地灌溉用水紧缺程度	2.74	1.16	1	5
	当地雇佣牧草生产机的难易程度	3.15	1.01	1	5
	是否接受过牧草生产技术培训	0.73	0.44	0	1
	周边村镇生产者是否已经开始种草	0.79	0.41	0	1

8.3　模型估计结果与分析

8.3.1　回归结果与分析

基准回归结果如表 8-2 所示，准 R^2 为 0.20，似然比检验统计量既 LR 统计量为 143.96，对应的 P 值为 0.000 0，故整个方程所有系数（除常数项外）的联合显著性很高；稳健标准误与普通标准误非常接近，故可以认为模型设定没有问题；模型正确预测的比率为 72.87%。

表 8-2 显示，在给定其他变量的情况下，样本生产者对目前种植牧草收益满意度会对其未来继续种植牧草且扩大种草规模的概率比产生显著正向影响，样本生产者对未来种植牧草收益判断乐观程度会显著提升其未来继续种植牧草且扩大种草规模的概率。以上结果充分说明牧草生产者预期对其未来种草

积极性具有显著正向影响，推而广之，生产者预期对其生产决策行为具有显著影响，与刘瑞峰等（2010）、刘俊杰等（2011）、赵守军等（2012）的研究结论相一致。

政策补贴会对生产者的决策行为产生一定的影响（马玉婷，2017；周升强等，2020）。据表8-2可知，在给定其他变量的情况下，享受到牧草生产相关政策补贴的生产者其打算继续种植牧草且扩大牧草种植规模的概率比是未享受到相关政策补贴的生产者的1.54倍（即高出54%），说明适当的产业扶持政策可以有效地提升当前牧草种植者的未来种植牧草的意愿。

从生产者自身特征看，在给定其他变量的情况下，生产者年龄每增加一岁，未来继续种植牧草且扩大牧草种植规模的概率比会减少3%。从其生产经营特征看，在给定其他变量的情况下，兼业的生产者其未来继续种植牧草且扩大牧草种植规模的概率比相较于没有兼业的生产者会减少53%，而加入产业化经营组织或合作组织的生产者其未来继续种植牧草且扩大牧草种植规模的概率比是未加入产业化经营组织或合作组织的生产者的1.77倍。同理，养殖草食家畜的生产者未来继续种植牧草且扩大牧草种植规模的概率比是没有养畜生产者的1.97倍。因此，生产决策者年龄和兼业行为会显著抑制其种草积极性，而组织化行为和家庭内种养结合的经营方式会对生产者种植牧草意愿产生显著正向作用。

从当地产业生态条件看，在给定其他变量的情况下，当地有草食家畜养殖企业会显著增加生产者牧草种植意愿。具体而言，牧草生产者所在地有草食家畜养殖企业其未来继续种植牧草且扩大牧草种植规模的概率是所在地没有草食家畜养殖企业时的2.17倍。在给定其他变量情况下，当地交通条件的便利度负向影响生产者未来继续种植牧草且扩大牧草种植规模的概率比，可能的原因在变量选择与含义部分已做出解释。此外，在给定其他变量的情况下，周边村镇生产者已经开始种草的样本生产者未来继续种植牧草且扩大牧草种植规模的概率是周边村镇生产者没有种草的2.17倍。正如费孝通在其《乡土中国》中所描述的那样，农村是熟人社会，村民之间的关系网活跃而又稳定，相互之间沟通频繁，因此可以推断其生产决策行为会相互模仿或影响，若周边村镇生产者已经开始种草说明当地有良好的种植牧草的生产氛围，所以生产者就有继续种植或者扩大种植规模的意愿。由此可见，稳定的市场需求、蓬勃的产业发展氛围会提高生产者种草意愿而便利交通条件带来的非农就业机会的增加则会降低生产者种草积极性。

表 8-2　生产者牧草种植积极性的 logit 回归结果

因素	解释变量	概率比	标准差	Z 值
生产者预期	目前种植牧草收益满意度	1.519***	0.228	2.78
	未来对种植牧草收益判断	1.605***	0.294	2.58
政策环境	是否享受到牧草生产政策补贴	1.539*	0.368	1.80
生产者自身特征	年龄	0.977**	0.011	−2.04
	受教育程度	1.026	0.120	0.22
	健康状况	1.005	0.303	0.02
生产经营特征	是否兼业	0.471**	0.154	−2.31
	是否加入产业化经营组织或合作组织	1.768**	0.437	2.31
	是否养畜	1.970**	0.533	2.51
	种草年数	1.008	0.027	0.28
当地产业生态条件	当地是否有草食家畜养殖企业	2.166***	0.569	2.94
	当地交通条件便利程度	0.788*	0.112	−1.68
	当地灌溉用水紧缺程度	0.899	0.101	−0.95
	当地雇佣牧草生产机的难易程度	0.813	0.104	−1.61
	是否接受过牧草生产技术培训	1.524	0.385	1.67
	周边村镇生产者是否已经开始种草	2.172***	0.623	2.70
地区控制变量	内蒙古	0.740	0.350	−0.64
	甘肃	0.169***	0.073	−4.11
	宁夏	0.446	0.261	−1.38
	山西	0.398*	0.219	−1.68
	贵州	0.412*	0.202	−1.81
	四川	0.801	0.421	−0.42
	河北	0.240***	0.125	−2.74
	Constant	0.289	0.337	−1.07
	LR 统计量	144.01		
	P 值	0.000		
	准 R^2	0.2034		
	Correctly classified	72.68%		

注：***、**、* 分别表示 $p<0.01$、$p<0.05$、$p<0.1$。

8.3.2 稳健性检验

模型整体的稳健性检验。为进一步检验估计结果的稳健性，本章采取不同的估计方法，即分别采用 Probit 模型和线性概率模型 OLS 估计来替代 Logit 模型，估计结果如表 8-3 所示。可见无论是 Probit 模型还是 OLS 模型，两者的估计结果所得系数的显著性以及其符号方向均与表 8-2 的 logit 模型估计结果高度一致，充分表明本章对牧草生产者未来种植意愿影响因素模型的估计结果是稳健的。

表 8-3 稳健性检验结果

因素	解释变量	Probit 估计结果	OLS 估计结果
生产者预期	目前种植牧草收益满意度	0.253***	0.076 3**
		(0.089)	(0.030 0)
	未来对种植牧草收益判断	0.264**	0.085 8**
		(0.107)	(0.035 3)
政策环境	是否享受到牧草生产政策补贴	0.251*	0.076 0*
		(0.142)	(0.044 7)
生产者自身特征	年龄	−0.014**	−0.004 58**
		(0.007)	(0.002 23)
	受教育程度	0.009	0.004 01
		(0.070)	(0.021 4)
	健康状况	0.010	−0.006 98
		(0.176)	(0.055 4)
生产经营特征	是否加入产业化经营组织或合作组织	0.328**	0.118**
		(0.147)	(0.050 1)
	是否养畜	0.405**	0.121**
		(0.160)	(0.049 1)
	种草年数	0.010	0.002 50
		(0.016)	(0.005 78)
当地产业生态条件	当地是否有草食家畜养殖企业	0.437***	0.133***
		(0.153)	(0.048 3)
	当地交通条件便利程度	−0.145*	−0.050 9**
		(0.084)	(0.025 4)

（续）

因素	解释变量	Probit 估计结果	OLS 估计结果
当地产业生态条件	当地灌溉用水紧缺程度	−0.054	−0.016 6
		(0.066)	(0.021 6)
	当地雇佣牧草生产机的难易程度	−0.120	−0.037 0
		(0.076)	(0.024 5)
	是否接受过牧草生产技术培训	0.244	0.077 1
		(0.148)	(0.053 4)
	周边村镇生产者是否已经开始种草	0.440***	0.144**
		(0.168)	(0.060 4)
地区控制变量	内蒙古	−0.196	−0.053 0
		(0.281)	(0.086 7)
	甘肃	−1.023***	−0.311***
		(0.252)	(0.077 5)
	宁夏	−0.466	−0.137
		(0.332)	(0.093 8)
	山西	−0.517	−0.162
		(0.324)	(0.115)
	贵州	−0.482*	−0.179**
		(0.286)	(0.079 9)
	四川	−0.197	−0.041 7
		(0.314)	(0.104)
	河北	−0.910***	−0.279***
		(0.304)	(0.106)
常数项		−0.696	0.310
		(0.686)	(0.215)

注：***、**、*分别表示 $p<0.01$、$p<0.05$、$p<0.1$。

8.4 不同类型生产者牧草种植意愿影响因素

上一节内容实证分析了全样本生产者未来牧草种植意愿的影响因素，那么影响不同类型的生产者牧草种植意愿的因素有哪些？存在哪些异同点？为了解决这个问题，本节使用 Logit 模型实证分析不同类型生产者牧草种植意愿的影响因素，因变量分别为 6 种不同类型生产者未来是否继续种植牧草且扩大种植面积，解释变量仍然包括生产者预期、政策环境、生产者自身及其经营特征、产业生态条件以及地区控制变量等方面，回归结果如表 8 - 4 所示。

表 8 - 4　不同类型生产者牧草种植积极性的 logit 回归结果

变量	模型（1）	模型（2）	模型（3）	模型（4）	模型（5）	模型（6）
目前种植牧草收益满意度	2.498***	1.143	1.496**	2.730**	1.689***	1.125
	(0.564)	(0.278)	(0.264)	(1.174)	(0.302)	(0.538)
未来对种植牧草收益判断	1.665*	1.561	1.981***	0.677	1.420*	3.017
	(0.433)	(0.480)	(0.454)	(0.281)	(0.282)	(2.339)
是否享受到牧草生产政策补贴	2.008**	1.358	2.240***	0.601	1.325	1.338
	(0.663)	(0.571)	(0.626)	(0.397)	(0.342)	(1.759)
年龄	0.976	0.977	0.975*	0.970	0.976**	0.989
	(0.016)	(0.019)	(0.014)	(0.026)	(0.012)	(0.067)
受教育程度	0.999	1.005	0.912	1.516	0.987	1.720
	(0.163)	(0.210)	(0.123)	(0.435)	(0.131)	(0.769)
健康状况	0.808	1.365	0.953	0.715	1.098	1.140
	(0.345)	(0.650)	(0.335)	(0.684)	(0.335)	(4.547)
是否兼业	0.513	0.354*	0.426**	0.822	0.471**	0.062
	(0.231)	(0.215)	(0.161)	(0.735)	(0.166)	(0.115)
是否加入产业化经营组织或合作组织	1.153	2.561**	1.484	2.855*	1.869**	3.661
	(0.429)	(1.031)	(0.465)	(1.717)	(0.497)	(4.707)
是否养畜			2.017**	1.563	1.709*	1.741
			(0.609)	(1.530)	(0.528)	(1.658)
种草年数	0.993	1.092*	1.013	1.046	1.013	1.152
	(0.040)	(0.055)	(0.034)	(0.063)	(0.030)	(0.237)
当地是否有草食家畜养殖企业	1.316	3.182***	1.704*	3.703*	1.744*	4.298
	(0.529)	(1.332)	(0.528)	(2.763)	(0.494)	(5.632)

（续）

变量	模型（1）	模型（2）	模型（3）	模型（4）	模型（5）	模型（6）
当地交通条件	1.037	0.622**	0.788	1.119	0.816	0.522
便利程度	(0.225)	(0.142)	(0.131)	(0.444)	(0.126)	(0.331)
当地灌溉用水	0.841	0.810	0.832	0.839	0.963	0.739
紧缺程度	(0.133)	(0.158)	(0.116)	(0.231)	(0.120)	(0.365)
当地雇佣牧草生	0.734	1.133	0.884	0.616	0.732	2.003
产机的难易程度	(0.131)	(0.252)	(0.134)	(0.220)	(0.103)	(1.176)
是否接受过牧草	1.738	1.254	1.966**	0.703	1.514	1.254
生产技术培训	(0.606)	(0.575)	(0.597)	(0.422)	(0.405)	(1.700)
周边村镇生产者是	2.353**	2.617*	2.357**	2.755	1.853*	19.782**
否已经开始种草	(0.900)	(1.366)	(0.786)	(2.249)	(0.586)	(24.620)
地区控制变量	加入	加入	加入	加入	加入	加入
常数项	0.146	0.334	0.125	0.838	0.385	0.001
	(0.249)	(0.650)	(0.175)	(2.346)	(0.496)	(0.007)

注：***、**、*分别表示 $p<0.01$、$p<0.05$、$p<0.1$。

8.4.1 不同经营类型生产者牧草种植意愿影响因素

模型（1）表示种养一体化生产者的牧草种植意愿影响因素的回归结果，准 R^2 为0.23，似然比检验统计量为90.96，对应的 P 值为0.000 0，故整个方程所有系数（除常数项外）的联合显著性很高；稳健标准误与普通标准误非常接近，故可以认为模型设定没有问题；模型正确预测的比率为77.78%。根据模型（1）的回归结果可知，目前对牧草种植收益满意度、未来对牧草种植收益的判断、是否享受到牧草生产相关政策补贴以及周边村镇生产者是否已经开始种草4个变量对种养一体化生产者牧草种植意愿具有显著正向影响。

模型（2）表示非种养一体化生产者的牧草种植意愿影响因素的回归结果，准 R^2 为0.25，似然比检验统计量为71.82，对应的 P 值为0.000 0，故整个方程所有系数（除常数项外）的联合显著性很高；稳健标准误与普通标准误非常接近，故可以认为模型设定没有问题；模型正确预测的比率为73.08/%。模型（2）估计结果表明，是否加入农业产业组织或专业合作社、种植牧草年数、当地是否有草食家畜养殖企业以及周边村镇生产者是否已经开始种草4个变量对非种养一体化生产者的牧草种植意愿具有显著正向影响，而兼业行为和当地交通条件便利程度 2 个变量对该类生产者牧草种植积极性具有显著负向影响。

模型（3）表示专业化牧草生产者的牧草种植意愿影响因素的回归结果，准 R^2 为 0.23，LR 统计量为 122.61，对应的 P 值为 0.000 0，故整个方程所有系数（除常数项外）的联合显著性很高；稳健标准误与普通标准误非常接近，故可以认为模型设定没有问题；模型正确预测的比率为 75.12/%。根据模型（3）的回归结果可知，目前对牧草种植收益满意度、未来对牧草种植收益的判断、享受到牧草生产相关政策补贴、养殖草食家畜、当地有草食家畜养殖企业、接受过牧草生产技术培训以及周边村镇生产者已经开始种草对只种植牧草一种作物的生产者的牧草种植意愿具有显著正向影响，而生产决策者年龄及其兼业行为会显著降低该类生产者种草积极性。

模型（4）表示同时种植牧草和粮食等其他作物的生产者的牧草种植意愿影响因素的回归结果，准 R^2 为 0.29，似然比检验统计量既 LR 统计量为 48.12，对应的 P 值为 0.000 0，故整个方程所有系数（除常数项外）的联合显著性很高；稳健标准误与普通标准误非常接近，故可以认为模型设定没有问题；模型正确预测的比率为 78.71/%。模型（4）估计结果表明，目前对牧草种植收益满意度高、加入农业产业组织或专业合作社以及当地有草食家畜养殖企业会显著提高既种植牧草又种植粮食等其他作物的生产者的牧草种植意愿。

8.4.2 不同规模的生产者牧草种植意愿影响因素

模型（5）表示非规模化生产者的牧草种植意愿影响因素的回归结果，准 R^2 为 0.21，LR 统计量为 127.85，对应的 P 值为 0.000 0，故整个方程所有系数（除常数项外）的联合显著性很高；稳健标准误与普通标准误非常接近，故可以认为模型设定没有问题；模型正确预测的比率为 72.20/%。根据模型（5）的回归结果可知，目前对牧草种植收益满意度高、未来对牧草种植收益的判断乐观、加入农业产业组织或专业合作社、养殖草食家畜、当地有草食家畜养殖企业以及周边村镇生产者已经开始种草对种植规模在 1 000 亩及以下的非规模化生产者的牧草种植积极性具有显著正向影响，而生产决策者年龄及其兼业行为会显著降低非规模化生产者种草意愿。

模型（6）表示牧草种植规模在 1 000 亩以上的规模化生产者牧草种植意愿影响因素的回归结果，准 R^2 为 0.37，似然比检验统计量既 LR 统计量为 33.49，对应的 P 值为 0.000 0，故整个方程所有系数（除常数项外）的联合显著性很高；稳健标准误与普通标准误非常接近，故可以认为模型设定没有问题；模型正确预测的比率为83.95/%。模型（6）估计结果表明，周边村镇生产者已经开始种草对规模化生产者的牧草种植意愿具有显著正向影响。

通过上述6个模型的回归结果可知，组织化行为和相对稳定的市场需求可以显著提升非种养一体化生产者、既种草又种粮的生产者以及非规模化生产者未来继续种植牧草且扩大种植规模的概率；牧草生产相关政策补贴对于提高种养一体化生产者和专业化牧草生产者种植牧草积极性具有显著正向影响；生产者预期对于种养一体化生产者、专业化牧草生产者以及非规模化生产者继续种植牧草且扩大种植规模的正向影响显著。

8.5　本章小结

本章首先从研究对象、研究方法和研究结论方面回顾了国内外相关研究主题的文献，然后尝试构建了本章的分析框架，在此基础上通过构建计量经济模型使用微观农户实地调研数据，从生产者预期、政策环境、生产者自身特征、生产经营特征、产业生态条件等方面对牧草生产者未来种植意愿进行了实证研究并进一步深入探究了不同类型生产者牧草种植意愿的影响因素，得出以下主要结论：

（1）调研区域未来继续种植牧草且扩大种植规模的牧草生产者占样本总体的60.34%且不同类型生产者种植牧草意愿存在差异。具体而言，种养一体化生产者牧草种植积极性高于非种养一体化生产者，只种植牧草一种作物的生产者未来继续种植牧草且扩大种植规模的意愿高于同时种植牧草和粮食等其他作物的生产者，规模化生产者牧草种植积极性高于非规模化生产者。

（2）就影响生产者牧草未来种植意愿的因素而言，无论是样本总体生产者还是不同类型的生产者，政策补贴扶持、市场需求（自养或当地有养殖企业）、组织化行为、生产者预期以及当地牧草生产氛围都会显著提高生产者未来继续种植牧草且扩大种植规模的意愿，而年龄、兼业行为和当地交通条件则会显著抑制生产者未来继续种植牧草且扩大种植规模的意愿。

具体来看：影响样本总体生产者牧草种植积极性的因素包括，目前种植牧草收益满意度、未来对种植牧草收益判断、牧草生产相关政策补贴、是否加入农业产业化经营组织或合作社、当地是否有草食家畜养殖企业以及周边村镇生产者是否开始种草能够显著正向影响生产者种植牧草意愿，而对生产者未来种草意愿产生负向影响的因素包括生产决策者年龄、兼业行为以及当地交通条件便利程度。就影响不同类型生产者未来牧草种植意愿的因素来说，种养一体化生产者主要受到生产者预期、政策补贴的正向影响，而非种养一体化生产者则对生产经营特征和产业生态条件的状况更加敏感。同时，产业发展氛围是两种类型生产者牧草种植积极性的共同影响因素，生产者预期、政策补贴、稳定的市场需求、技术培训和产业发展氛围是专业化牧草生产者种草积极性的正向影响因素，而对于同时种植牧草和粮食等其他作物的生产者而言，组织化行为和当地有草食家畜养殖企业形成的相对稳定市场需求可显著增加其未来继续种植牧草和扩大种植面积的可能性。非规模化生产者未来种植牧草意愿受到生产者预期、生产者自身及经营特征以及稳定的市场需求和产业发展氛围的影响。

第九章　研究结论和对策建议

从根本上解决“三农”问题的关键着力点是要在产业振兴上下功夫。牧草产业兼具生产和生态功能，是振兴乡村产业和实现农业绿色发展的重要抓手。近年来，“振兴奶业苜蓿行动计划”“粮改饲”等政策和项目的实施推进了牧草产业的发展，但是，由于一些历史传统和现实条件的原因，我国牧草产业发展仍面临着诸多的问题，特别是关于牧草产业经济的研究还相对薄弱，一些基础性问题还未得到全面系统研究。因此，本研究首先从宏观处着眼，梳理了中国牧草产业发展的历史阶段以揭示产业演进规律，剖析发展瓶颈，科学测定牧草产业与畜牧业耦合协调度及空间格局分布状况；然后利用农户跟踪调研数据从中观层面对比分析了主要牧草和粮食作物的经济效益和生产效率；最后从微观处着手，利用实地调研数据全面分析当前中国牧草种植者生产行为特征以及实证研究牧草生产者种植决策行为。接下来的内容将总结梳理本研究所得主要结论并提出相应的对策建议，在此基础上提出本研究存在的不足之处和未来研究展望。

9.1　研究结论

9.1.1　草畜产业系统耦合协调总体呈上升趋势，但仍处在过渡区间且区域差异明显

草畜耦合协调度测算结果表明，从全国总体水平看，2001—2017 年中国牧草产业和畜牧业耦合协调度总体呈现上升趋势，耦合协调均值处在 0.3～0.7，仍处于过渡发展阶段，尚未达到高度协调发展阶段，但各省区的草畜产业系统耦合协调度存在较大差异；Moran's I 值及其检验结果表明，2001—2015 年中国牧草产业和畜牧业耦合协调发展水平具有显著空间集聚分布特征，但整体呈不断减弱趋势，2016—2017 年空间相关性不再显著。调研中也了解到，有畜无草地区跨区域调草，养殖成本被抬高；有草无畜地区销售草产品经常面临市场风险。同时，草捆、草粉等草产品密度小、体积大、单位价值低、运输成本高，这样，即使销区草产品价格很高，在产区价格也比较低，压低了

牧草种植者的利润，或因长途运输也面临着火灾等其他风险。目前只有内蒙古、甘肃等少部分地区开通了草产品运输绿色通道，离全国实施草产品运输绿色通道还任重道远，因此，推进草畜在区域内的结合，甚至实施草畜一体化十分关键。

9.1.2 牧草种植技术效率有较大提升空间，技术进步是其全要素生产率变化的驱动力

运用2011—2018年牧草生产成本收益监测数据测算，农户种植主要牧草的经济效益高于种植传统粮食作物。具体来看，苜蓿的纯收益最高，平均为709.32元/亩，其次是青贮玉米，为608.79元/亩，而粮食中玉米为466.50元/亩，小麦最低，为236.14元/亩。从纯收益变化趋势看，苜蓿和青贮玉米整体呈波动上升趋势，小麦和玉米总体呈下滑态势。牧草作物的技术效率低于粮食作物，存在较大提升空间；2011—2018年，苜蓿、青贮玉米、小麦和玉米的全要素生产率年均增长分别为10.66％、3.18％、1.26％和1.96％，牧草作物的全要素生产率年均增长率高于粮食作物的全要素生产率年均增长率；技术进步是四种作物全要素生产率变动的主要驱动力，除小麦技术效率相对较高且较为平稳外，青贮玉米、苜蓿和玉米的技术效率总体处于较低水平且波动较大。

9.1.3 527户问卷的描述性统计显示，不同类型种草户样本行为差异较大

通过对8个省份的527户问卷进行统计后发现中国牧草种植者生产行为存在如下特点：一是，种草年数普遍较短，小于4年的牧草种植户样本占比41.37％。二是，种养一体化和专业化牧草种植者较多，分别占总样本的63.76％和77.04％。三是，不同经营类型和不同地区的生产者牧草生产决策行为存在明显差异。四是，65.46％样本生产者加入了农业产业化经营组织或专业合作社，其中加入“合作社＋农户”组织的样本生产者最多，不同经营类型和不同地区的牧草生产者组织化行为差异明显。五是，病虫害防控、测土配方肥和应对自然灾害的技术知识是当前牧草生产者在牧草种植过程中最需要的三类技术，被选频次分别为228、181和160。此外，七成以上牧草生产者接受过牧草种植相关技术培训，培训的内容主要是田间管理和病虫害防控。六是，牧草种植者面临的主要是市场风险和气候风险，有风险规避行为的种草户和无风险规避行为的种草户的牧草种植面积均值是有明显差异的，不同类型和不同地区的样本户风险规避行为不尽相同。

9.1.4　风险规避行为对不同样本群体牧草种植决策行为的影响差异显著

从全样本回归结果看，在控制其他因素条件下，牧草生产者的风险规避行为会对其牧草种植面积决策产生影响。具体而言，正规风险规避行为对生产者的牧草种植面积决策产生显著正向影响，非正规风险规避行为对生产者的牧草种植面积决策具有显著负向影响。风险规避行为对不同类型牧草生产者产生的影响差异显著。具体而言，风险规避行为只种植牧草一种作物的专业化生产者的种植面积决策影响极其显著而对其他类型生产者无显著影响，其中购买牧草生产保险的正式风险规避行为对专业化牧草生产者“种多少”决策产生显著正向影响，而兼业行为这样非正式风险规避行为对其“种多少”决策产生显著负向影响。

9.1.5　除风险规避行为外的其他一些重要影响因素也会对种植决策产生不同的影响

从全样本回归结果看，生产决策者的受教育程度、草食家畜饲养量、当地是否有草食家畜养殖企业、当地雇用牧草生产机械难易程度以及是否接受过牧草生产技术培训是除了风险规避行为外影响牧草生产者种植面积决策的显著性因素。不同类型生产者牧草种植面积决策影响因素存在差异，但是也有一些共性影响因素，如当地是否有草食家畜养殖企业会显著正向影响非种养一体化、专业化、规模化以及非规模化四类牧草生产者的种植面积决策。牧草生产机械的可得性对非种养一体化、专业化、规模化三类生产者的牧草种植面积决策产生显著正向影响。

9.1.6　不同类型生产者牧草种植意愿差异明显，政策扶持等因素可显著提高种植意愿

调研区域未来继续种植牧草且扩大种植规模的牧草生产者占样本总体的60.34%且不同类型生产者种植牧草积极性存在差异。具体而言，种养一体化生产者牧草种植积极性高非种养一体化生产者，专业化牧草生产者未来继续种植牧草且扩大种植规模的意愿高于同时种植牧草和粮食等其他作物的生产者，规模化生产者牧草种植积极性高于非规模化生产者。就影响生产者牧草种植意愿的因素而言，无论是样本总体生产者还是分组样本的不同类型生产者，政策补贴扶持、市场需求（自养或当地有养殖企业）、生产者预期以及当地牧草生产氛围都会显著提高生产者未来继续种植牧草且扩大种植规模的意愿，而年龄、兼业行为和当地交通条件则会显著抑制生产者未来继续种植牧草且扩大种

植规模的意愿。

9.1.7 组织化行为正向影响生产者牧草种植意愿，但对不同类型生产者影响差异显著

全样本回归结果表明，在控制其他因素不变情况下，牧草生产者加入产业化经营组织或合作社等组织化行为会对其牧草未来种植意愿决策产生显著正向影响。按照生产者类型对样本进行分组回归的结果表明，组织化行为对不同类型牧草生产者产生的影响差异显著，其中对非种养一体化经营、既种植牧草又种植粮食等其他作物、非规模化经营这三种类型牧草生产者的未来种植意愿产生显著正向影响，而对种养一体化经营、只种植牧草一类作物、规模化经营这三种类型牧草生产者的未来种植意愿并无显著影响。

9.2 对策建议

9.2.1 因地制宜推进草畜产业系统耦合，鼓励发展草畜结合经营模式

针对“有畜无草”“有草无畜”企业或区域频现的状况，需要因地制宜推动草畜紧密结合。稳定的市场需求是牧草产业持续发展的主要动力，产业持续发展是满足市场需求的基础保障。坚持“以养定种”“以种带养”的方针指导地方草畜产业生产实践，鼓励草畜紧密结合的经营模式。可以是农户家庭（或企业）内的种养一体化经营模式，也可以地理距离较近的区域内的草畜产业系统合作模式。对后一种模式而言，要综合考虑自然资源条件、社会经济状况和生态保护要求，科学评估区域内牧草产业和畜牧业耦合协调发展的潜力和问题。在提升区域内的草畜产业耦合协调度水平的同时也要重视跨区域间草畜产业系统互动，尤其对于处在农牧交错带的省区内部或省区之间，进行资源互补进而提升相邻省区间的合作交流，带动空间草畜耦合度的提升，助力牧草产业和畜牧业实现高度协调发展，以实现草畜结合的综合效益。

9.2.2 提升关键技术自主研发水平推进技术进步，提高牧草产业生产效率

其一，加大以优质牧草育种和牧草生产机械为核心的技术体系研发力度，降低核心技术的对外依存度。目前制约我国牧草产业发展的核心技术集中于优良品种和生产机械两方面，每年苜蓿草、黑麦草等主要牧草种子一半以上依赖进口，主要牧草生产机械 70%左右依赖进口。必须长期持续加大支持这些方面的研发力度，供应适宜国内不同区域的优良牧草种子和适宜不同地形条件、不同规模生产的机械设备。其二，加强实用技术体系推广普及面和覆盖度。调

研中发现，许多牧草生产企业（或农户）连种草一些起码的技术都掌握不好，还不切实际地追求高大上的技术，如片面引进国外种子、片面购进不适宜本企业的生产机械等。究其原因，主要是对不同牧草品种的适应性、生产中技术的细微差别等掌握不到位。需要切实落实农业技术推广服务和技术培训的覆盖度，以提升牧草生产者技术熟练度进而提高牧草生产效率。

9.2.3　建立健全产业风险管理体系，护航牧草产业健康稳定发展

牧草种植自然风险较大，因此产业政策设计应充分考虑生产者尤其是传统小农户和牧草小微企业等生产者的利益，相关部门应当参照国内种植业和畜牧业保险制度，同时借鉴美国等牧草产业发达国家的保险经验，建立符合国情和产业发展实际的保险制度，护航牧草产业持续健康发展。同时，牧草生产也面临着市场风险，完善牧草产业及草产品市场统计监测制度，做好牧草产业及草产品市场统计监测工作；建立健全牧草产业及草产品市场预警体系，构建国内与国际风险预警及信息发布制度，及时发布产业与市场信息，确保市场参与者可获取及时、准确、高频的市场信息，引导供需双方科学决策。

9.2.4　加强牧草生产组织化发展程度，鼓励创新利益共享机制

组织化行为可以显著提高生产者牧草种植意愿，尤其是对非草畜一体化经营、既种植牧草又种植粮食等其他作物、非规模化经营这三种类型牧草生产者的未来种植意愿正向影响显著，因此，加强组织化程度十分必要。尤其是针对牧草收获时效性特别强、必须机械收获的特点，而一家一户配备齐全的大型机械既不可能也无必要，所以在机械收获环节组建合作组织最为迫切。但是如何能让组织化双方形成稳定的合作关系是需要重点关注的问题，本研究认为关键在于加强并创新利益联结机制，说到底就是要能够做到互惠型“让利”。笔者在新疆调研了解到，当地一个农业企业发展了“有偿土地托管”“股份制经营代班”等模式，实践证明后一个模式的激励作用更强，防止企业利益因种植工人磨洋工等行为受损，也给愿意继续留在农村进行农业生产但是却缺乏资金和土地的农民从事农业生产并获取利润的机会，既有利于保障农业生产，还能够提升生产者的积极性。

9.2.5　完善政策扶持体系，实现精准发力，推进牧草产业稳定持续发展

牧草产业在我国是一个新兴产业，也是一个幼小产业，与发达国家牧草产业相比，产业链条还不完善、各环节技术水平较为落后。必须要加大政策扶持力度，完善相关产业支持政策体系，应当基于“食物安全”观念，像支持粮食

产业一样支持牧草产业发展。因此，应当在现有政策的基础上，进一步出台牧草生产环节的直补和牧草生产社会化服务组织的补贴，推动新型经营主体的快速成长壮大。同时，适当调整现有扶持政策内容，如“粮改饲”政策在牧草品种的选择上，除青贮玉米外，应当因地制宜增加苜蓿、燕麦草、黑麦草等牧草品种，并且应该允许地方相关部门根据本地区特点来落实补贴政策，以实现支持政策的精准发力。

9.3 研究不足及未来展望

9.3.1 研究不足

本研究围绕“探究牧草种植者生产行为决策机理以助力牧草产业实现稳定持续发展”的总目标以及测定中国牧草产和草食畜牧业的耦合协调度水平并分析其空间格局状况、计算主要牧草和粮食作物的比较效益、挖掘牧草生产者种植决策行为影响机制的三个具体目标，利用宏观统计数据和微观调研数据展开全面深入的研究。虽然在开展研究过程中力求规范、客观、严谨，但是由于客观条件约束以及笔者本人水平有限，本研究还存在诸多的不足之处。

（1）中国牧草产业经济研究起步较晚，牧草生产成本收益的数据国家牧草产业体系从 2011 年起跟踪调研，但是生产要素价格并未纳入产业体系跟踪调研数据库，同时，也缺乏关于牧草生态效益精准衡量的指标，因此在测算牧草生产效率时只对技术效率和全要素生产率进行了研究，牧草作物和粮食作物均为未涉及配置效率和环境效率的内容，因此可能效率值存在一定误差。

（2）本研究中的牧草生产者种植决策行为包含两个决策阶段，第一个阶段是关于“种多少”的决策，第二阶段是关于“未来还种不种”的决策。而实际上一个完整的种植决策阶段应当是包括了“种没种”“种什么”“种多少”以及“未来还种不种”，但是由于样本选取的局限性，无法对“种没种”和“种什么”两个决策阶段进行实证分析。同时，由于样本数量限制并没有对不同种类牧草生产者和不同区域生产者做详细的分析。

9.3.2 未来展望

未来随着国家牧草产业体系农户跟踪调研涵盖区域和调查指标的拓展和数据的不断积累丰富，逐渐形成大样本面板数据，不但可以实现对牧草产业生产效率更加精确地测算研究，而且可以实现对生产者“种没种”“种什么”种植决策阶段的实证研究，同时有可能尝试将草畜耦合指标和粮草比较效益指标进行统一量化纳入微观生产者种植决策研究框架。在日后的微观实地调研中，增加对苜蓿、青贮玉米、燕麦草等不同牧草品种生产者和农区、牧区、农牧交错带等不同区域牧草生产者相关数据的调研数量，就可以对不同种类牧草生产者和不同区域生产者种植决策行为进行研究，以上所有的改进将有利于形成更具普遍性、规律性的研究结论。

参 考 文 献

阿力甫·提力娃，2011. 浅谈紫花苜蓿在喀什地区草地生态建设中的作用 . 新疆畜牧业(5)：35－37.

别蒙 . 2014. 我国玉米全要素生产率及影响因素研究 . 南京：南京农业大学 .

蔡洁，刘斐，夏显力 . 2020. 农村产业融合、非农就业与农户增收——基于六盘山的微观实证 . 干旱区资源与环境 (2)：73－79.

曹芳 . 2005. 粮食主产区粮食补贴改革研究——以江苏省的调查为例 . 南京师大学报 (社会科学版) (3)：40－44.

曹仲华 . 2006. 人工草地在西藏的地位与发展前景：中国草业发展论坛论文集 . 北京：中国农业出版社 .

曾福生，高鸣 . 2012. 我国粮食生产效率核算及其影响因素分析——基于 SBM－Tobit 模型二步法的实证研究 . 农业技术经济 (7)：63－70.

柴春娇，吕杰，韩晓燕 . 2014. 不同类型农户土地投入特征差异分析——以辽宁省阜新地区为例 . 农业经济 (11)：15－17.

陈安宁 . 2014. 空间计量学入门与 GeoDa 软件应用 . 杭州：浙江大学出版社 .

陈和午 . 2004. 农户模型的发展与应用：文献综述 . 农业技术经济 (3)：2－10.

陈向武 . 2019. 科技进步贡献率与全要素生产率：测算方法与统计现状辨析 . 西南民族大学学报 (人文社科版) (7)：107－115.

陈艳红，胡胜德 . 2014. 农户优质稻米种植意愿分析——基于黑龙江省 359 个普通水稻种植户的调查 . 农业技术经济 (10)：106－110.

陈秧分，刘彦随，翟荣新 . 2009. 基于农户调查的东部沿海地区农地规模经营意愿及其影响因素分析 . 资源科学，31 (7)：1102－1108.

陈自胜，孙中心，徐安凯 . 2000. 青贮玉米及其经济效益 . 吉林农业科学 (4)：41－44.

成刚 . 2014. 数据包络分析方法与 MaxDEA 软件 . 北京：知识产权出版社：201－218.

仇焕广，栾昊，李瑾，汪阳洁 . 2014. 风险规避对农户化肥过量施用行为的影响 . 中国农村经济 (3)：85－96.

丛晓男 . 2019. 耦合度模型的形式、性质及在地理学中的若干误用 . 经济地理 (4)：18－25.

董世魁，任继周，方锡良，杨明岳，张静，祁百元 . 2018. 养殖业的农业伦理学之度 . 草业科学 (9)：2059－2067.

杜宇能，潘驰宇，宋淑芳．2018．中国分地区农业现代化发展程度评价——基于各省份农业统计数据．农业技术经济（3）：79－89.

范群芳，董增川，杜芙蓉，陈康宁．2008．随机前沿生产函数在粮食生产技术效率研究中的应用．节水灌溉（6）：30－33.

方蕊，安毅，刘文超．2019．“保险＋期货”试点可以提高农户种粮积极性吗？——基于农户参与意愿中介效应与政府补贴满意度调节效应的分析．中国农村经济（6）：113－126.

弗兰克·艾利思．2006．农民经济学．胡景北，译．上海：上海人民出版社出版．

高雅，林慧龙．2015．草业经济在国民经济中的地位、现状及其发展建议．草业学报（1）：141－157.

龚大鑫，金文杰，窦学诚，负汉伯，关小康．2012．牧户对退牧还草工程的行为响应及其影响因素研究——以高寒牧区玛曲县为例．中国沙漠，32（4）：1169－1175.

郭亚军．2008．综合评价理论、方法及应用．北京：科学出版社．

国家牧草产业技术体系．2015．中国现代农业产业可持续发展战略研究（牧草分册）．北京：中国农业出版社．

何增科．2005．马克思、恩格斯关于农业和农民问题的基本观点述要．马克思主义与现实（5）：49－59.

洪绂曾，等．2011．中国草业史．北京：中国农业出版社．

侯向阳．2011．充分重视农牧户在苜蓿产业发展中的作用和利益．草业科学（1）：4－9.

胡瑞法，黄季焜．2001．农业生产投入要素结构变化与农业技术发展方向．中国农村观察（6）：9－16.

胡向东．2017．关于“粮改饲”种植结构调整的思考．价格理论与实践（2）：19－20.

黄金波，周先波．2010．中国粮食生产的技术效率与全要素生产率增长．南方经济（9）：40－52.

江帆，赵伟．2018．山东省牧草产业供给侧结构性改革经济效益分析．山东农业科学，50（3）：163－166.

江激宇，刘玉洁．2018．中国玉米全要素生产率区域差异的影响研究．重庆工商大学学报（社会科学版）（4）：11－19.

江影舟，张洁冰，南志标，王丽佳，2016．中国苜蓿国际贸易竞争力分析．草业科学（2）：322－329.

靳庭良．2013．粮食主产区农户种粮意愿及其影响因素分析．统计与决策（17）：91－95.

贾娟琪，李先德，王士海．2017．粮食支持政策调整对不同规模粮农种植决策的影响——基于山东、河北和河南三省的农户调研数据．经济体制改革（1）：89－95.

孔祥智．1999．中国农家经济审视：地区差异、政府干预与农户行为．北京：中国农业科技出版社．

亢霞，刘秀梅．2005．我国粮食生产的技术效率分析．中国农村观察（4）：25－32.

孔晓蕾，高超，张强，刘杰淋，朱瑞芬，邸桂俐．2017．“粮改饲”政策在黑龙江省的实践．黑龙江农业科学（11）：84－86．

郎维伟，赵书彬．2013．藏北牧民传统畜牧生计方式的变迁——那曲村落社会的调查．西藏研究（5）：41－51．

李锦华，许雪亚．2016．零风险改变——湖北黄冈恒金合作社助力发展青饲青贮玉米种植．农村工作通讯（12）：34－35．

李龙，宋月萍．2016．农地流转对家庭化流动的影响——来自流出地的证据．公共管理学报（2）：76－83，156．

李娜，王明利，石自忠．2016．世界肉牛养殖成本收益与效率比较分析．中国畜牧杂志（22）：1－8．

李欠男，李谷成，高雪，尹朝静．2019．农业全要素生产率增长的地区差距及空间收敛性分析．中国农业资源与区划，40（07）：28－36．

李庆，林光华，何军．2013．农民兼业化与农业生产要素投入的相关性研究——基于农村固定观察点农户数据的分析．南京农业大学学报（社会科学版），13（03）：27－32．

李向林，沈禹颖，万里强．2016．种植业结构调整和草牧业发展潜力分析及政策建议．中国工程科学（1）：94－105．

李新，修长柏．2015．农牧民苜蓿种植行为选择意愿影响因素实证研究——基于内蒙古386户微观调查数据．干旱区资源与环境．（5）：30－35．

李孝忠，孙瑜，周慧秋．2009．市场认知、外部性约束与大豆生产者决策困境：逻辑推演与实证检验——来自黑龙江省9市（县）16村427户的调查数据．农业技术经济（6）：72－80．

吕开宇，俞冰心，邢鹂．2013．新阶段的粮农生产决策行为分析——粮价上涨对非贫困和贫困种植户的影响．中国农村经济（9）：31－43．

吕超，周应恒．2011．我国蔬菜播种面积的影响因素分析．经济地理（1）：118－122．

梁流涛，曲福田，诸培新，马凯．2008．不同兼业类型农户的土地利用行为和效率分析——基于经济发达地区的实证研究．资源科学（10）：1525－1532．

刘爱民，贾盼娜，王立新，吴良杰．2018．我国饲（草）料供求及未来需求预测和对策研究．中国工程科学（5）：39－44．

刘克春．2010．粮食生产补贴政策对农户粮食种植决策行为的影响与作用机理分析——以江西省为例．中国农村经济（2）：12－21．

刘会芳，南志标，唐增，王丽佳．2016．苜蓿、小麦、玉米经济效益比较．草业科学（5）：990－995．

刘加文．2009．我国农区草业发展再思考．草地学报（3）：270－273．

刘俊杰，周应恒．2011．我国小麦供给反应研究——基于小麦主产省的实证．农业技术经济（12）：40－45．

刘克春 . 2010. 粮食生产补贴政策对农户粮食种植决策行为的影响与作用机理分析——以江西省为例 . 中国农村经济（2）：12 - 21.

刘宽斌，聂凤英 . 2015. 中国玉米生产率研究——基于 17 个省农户面板数据 . 农业展望（6）：43 - 49.

刘瑞峰，陈彤，于冷 . 2010. 地理标志农产品生产质量控制行为分析——基于新疆地理标志水果 405 户果农的调查 . 农业系统科学与综合研究，26（3）：310 - 316.

刘帅，吴伟光，刘强，金婷，徐定成 . 2018. 组织化程度、风险规避与农户土地经营规模及其差异——基于夏普里值过程的回归方程分解 . 世界农业（7）：97 - 105.

刘亚钊，王明利，蒋年华 . 2018. 中国草产品贸易格局和发展趋势分析 . 草业科学（11）：2765 - 2772.

刘亚钊，王明利，修长柏 . 2011. 我国牧草产品国际竞争力分析 . 农业经济问题（7）：86 - 90.

刘亚洲，钟甫宁 . 2019. 风险管理 VS 收入支持：我国政策性农业保险的政策目标选择研究 . 农业经济问题（4）：130 - 139.

刘玉凤，王明利，石自忠，王宏宇 . 2014. 我国苜蓿产业技术效率及科技进步贡献分析 . 草业科学（10）：1990 - 1997.

龙方，彭澧丽，卜蓓，杨重玉 . 2012. 农民种粮意愿的影响因素分析——基于湖南省 951 户农户的调查 . 湖南科技大学学报（社会科学版）（6）：85 - 88.

冷博峰，任建超，郭军 . 2012. 农作物良种补贴对农户种植决策的影响研究——基于山东、河南和河北 208 个小麦种植农户的经验 . 财经问题研究 .（6）：126 - 131.

卢欣石 . 2013. 中国草产业大势与挑战 . 草原与草业（4）：3 - 5.

卢欣石 . 2018. 新的使命——产业创新和绿色发展 . 饲料与畜牧（11）：6 - 10.

苗珊珊，陆迁 . 2013. 粮农生产决策行为的影响因素：价格抑或收益 . 改革（9）：28 - 34.

马力阳 . 2019. 地形视角下农户马铃薯种植规模与绩效研究 . 北京：中国农业科学院 .

马林静 . 王雅鹏，田云 . 2014. 中国粮食全要素生产率及影响因素的区域分异研究 . 农业现代化研究（4）：385 - 391.

马玲玲 . 2009. 新疆草产业发展的传统思维定式转变分析 . 资源科学（5）：860 - 866.

马梅，王明利，达丽 . 2019. 内蒙古"粮改饲"政策的问题及对策 . 中国畜牧杂志（1）：147 - 150.

马小勇 . 2006. 中国农户的风险规避行为分析——以陕西为例 . 中国软科学（2）：22 - 30.

马小勇，白永秀 . 2009. 中国农户的收入风险应对机制与消费波动：来自陕西的经验证据 . 经济学（季刊），8（04）：1221 - 1238.

马玉婷 . 2017. 成本收益视角下农业生产者安全生产决策行为研究 . 无锡：江南大学 .

毛吉贤，石书兵，马林 . 2009. 免耕春小麦套种牧草土壤养分动态研究 . 草业科学（2）：86 - 90.

毛培胜，王明亚，欧成明 . 2018. 中国草种业的发展现状与趋势分析 . 草学（6）：1 - 6.

孟令杰，张红梅．2004. 中国小麦生产的技术效率地区差异．南京农业大学学报（社会科学版）（2）：13－16.

孟勇，张玉良，王者勇．2018. 农区种草养畜之我见．山东畜牧兽医（2）：21－23.

孟志兴，杨春．2017. 山西省“粮改饲”政策实施成效和推进思路——以朔州市为例．农业展望，（10）：36－39.

米建伟，黄季焜，陈瑞剑，Elaine M. Liu，2012. 风险规避与中国棉农的农药施用行为．中国农村经济（7）：60－71.

闵锐，李谷成．2012. 环境约束条件下的中国粮食全要素生产率增长与分解——基于省域面板数据与序列 Malmquist－Luenberger 指数的观察．经济评论（5）：34－42.

倪印锋．2019. 中国牧草生产布局与生产效率研究．北京：中国农业科学院．

倪印锋，王明利．2018. 中国牧草产业地理集聚特征及影响因素．经济地理（6）：142－150.

倪印锋，王明利．2020. 不同地区和生产规模下青贮玉米生产技术效率分析．中国草地学报（3）：1－8.

牛建林．2012. 农村地区外出务工潮对义务教育阶段辍学的影响．中国人口科学（4）：103－110，112.

任继周．1986. 草原生态系统生产效益的放大．中国草原与牧草（3）：7－8.

任继周．1999. 系统耦合在大农业中的战略意义．科学（6）：12－14.

任继周．2002. 藏粮于草施行草地农业系统——西部农业结构改革的一种设想．草业学报（1）：1－3.

任继周．2004. 草业琐谈之十七——从“以草定畜”到“以畜定草”．草业科学（8）：78－79.

任继周．2013. 我国传统农业结构不改变不行了．草业学报，22（3）：1－5.

任继周．2014. 农业结构必须适应食物结构的转型．科技导报（3）：1－3.

任继周．2015. 我对“草牧业”一词的初步理解．草业科学，32（5）：710.

任继周，侯扶江．2002. 要正确对待西部种草．草业科学（2）：1－6.

任继周，侯扶江．2009. 草地农业系统是食品安全的重要保证——关于“三聚氰胺奶粉”事件的反思．草业科学（8）：6－9.

任继周，李发弟，曹建民，李秉龙，胥刚，唐增，2019. 我国牛羊肉产业的发展现状、挑战与出路．中国工程科学（5）：67－73.

任继周，林慧龙．2009. 农区种草是改进农业系统、保证粮食安全的重大步骤．草业学报，18（5）：1－9.

任继周，万长贵．1994. 系统耦合与荒漠—绿洲草地农业系统——以祁连山—临泽剖面为例．草业学报（3）：1－8.

任继周，胥刚，李向林，林慧龙，唐增．2016. 中国草业科学的发展轨迹与展望．科学通报，61（2）：178－192.

任天驰，康丕菊，彭志远，褚力其．2018. 欠发达地区农户兼业对其土地转出行为的影响——基于云南省 558 户农户的调查．中国农业大学学报（7）：205－216.

石自忠，王明利，2013. 苜蓿与竞争农作物投入产出的比较．草业科学，30（8）：1259－1265.

石自忠，王明利．2019. 我国苜蓿生产技术效率测度：2011—2017 年．中国草地学报，41（3）：100－106.

石自忠，王明利．2019. 我国牧草产业全要素生产率．草业科学（11）：2971－2979.

石自忠，王明利，胡向东，崔姹．2017. 我国牧草种植成本收益变化与比较．草业科学，34（4）：902－911.

宋乃平，肖绪培，王峰．2013. 盐池县草产业发展的 SWOT 分析与对策．草业科学（12）：2091－2096.

孙启忠，陶雅，徐丽君．2013. 刍议苜蓿产业中的风险及其应对策略．草业科学（10）：1676－1684.

孙启忠，玉柱，马春晖，徐春城．2013. 我国苜蓿产业过去 10 年发展成就与未来 10 年发展重点．草业科学，30（3）：471－477.

孙启忠，玉柱，徐春城．2012. 我国苜蓿产业亟待振兴．草业科学（2）：314－319.

孙小龙，郭沛．2016. 风险规避对农户农地流转行为的影响——基于吉鲁陕湘 4 省调研数据的实证分析．中国土地科学（12）：35－44.

孙玉竹．2018. 园艺作物农户生产行为实证研究．北京：中国农业科学院．

田维明．2013. 中国的农业发展：思考与探索．北京：中国农业出版社．

田祖海，苏曼．2008. 公路交通运输对区域经济发展的影响分析．商业研究（4）：123－125.

庹国柱，谢小亮．2017. 十年农业保险发展特点和未来期望．中国保险（7）：18－21.

汪武静，王明利．2017. 我国西南地区黑麦草种植技术效率及科技进步贡献分析——以四川省为例．中国农业科技导报（6）：21－28.

汪武静，王明利，吕官旺，刘玉凤，石自忠．2016. 美国苜蓿贸易——趋势、经验与启示．草业科学，33（3）：527－534.

王峰，马明，温学飞，郭永忠，左忠．2009. 农业生产模式与农户人均纯收入关系的研究．江西农业学报（2）：138－141.

王关区．2006. 我国草原退化加剧的深层次原因探析．内蒙古社会科学（汉文版）（4）：1－6.

王国刚，王明利，王济民，杨春，汪武静，2015. 中国南方牧草产业发展基础、前景与建议．草业科学，32（12）：2114－2121.

王国刚，杨春，王明利．2018. 中国现代畜牧业发展水平测度及其地域分异特征．华中农业大学学报（社会科学版）（6）：7－13.

王国良，贾春林，盛亦兵．2010. 山东省牧草产业发展技术需求及建议．草业科学，27（12）：152－156.

王涵，于卫平，何连，赵萍．2005．宁夏地区种植苜蓿、青贮玉米的效益分析．草业科学（1）：52－55．

王丽佳．2017．民勤县苜蓿生产效率的 DEA－Tobit 模型分析．草业科学（2）：407－414．

王龙刚．2017．黄土高原旱区农户苹果园生草意愿及其影响因素的实证分析．甘肃：兰州大学．

王明利．2018．改革开放四十年我国畜牧业发展：成就、经验及未来趋势．农业经济问题（8）：60－70．

王明利，杨春，胡向东，石自忠．2012．关于苜蓿产业发展对粮食安全影响的政治经济学思考．草业科学（12）：1936－1940．

王明利．2010．推动苜蓿产业发展全面提升我国奶业．农业经济问题，31（5）：22－26．

王明利．2015．有效破解粮食安全问题的新思路：着力发展牧草产业．中国农村经济（12）：63－74．

王明利．2010．中国牧草产业经济 2010．北京：中国农业出版社．

王明利．2016．中国牧草产业经济 2015．北京：中国农业出版社．

王明利．2018．中国牧草产业经济 2016．北京：中国农业出版社．

王文信，蔡世攀，王刚．2015．黄淮海地区农户苜蓿种植行为影响因素分析．农业工程学报（S1）：284－290．

王文信，王艺璇，张跃，2017．基于 PMP 模型的农户苜蓿种植补贴效果实证分析——以河北省黄骅市为例．中国农业大学学报（7）：221－228．

王文信，姚海，蔡世攀，朱俊峰，张跃．2014．黄淮海地区农户参与订单种植苜蓿意愿的影响因素分析．生产力研究（8）：108－112．

王文信，张志虹，孙乾晋．2016．农户苜蓿种植的规模效率分析．中国农业大学学报（社会科学版）（3）：42－49．

王阳，漆雁斌．2010．农户风险规避行为对农业生产经营决策影响的实证分析．四川农业大学学报，28（3）：376－382．

王祎娜．2008．牧草与饲料作物种植系统的干物质生产性能和生产效益评价．南京：南京农业大学．

王玉伟．2012．我国小麦全要素生产率分析——基于 Malmquist 指数．现代经济信息（2）：314－316．

王世尧，王树进．2013．中国省区蔬菜种植面积变化中农户决策行为因素的实证分析．经济地理，33（9）：128－134．

王利荣，赵永南，李明．2015．棉花目标价格补贴对经营主体种植决策影响研究——以江苏省南通市为例．价格理论与实践（10）：47－49．

魏君英，张银，何蒲明．2015．关于农民种粮意愿影响因素的调查研究．经济纵横（1）：

110－113.

文洁，赵文瑞.2019. 技术效率决定商业银行的经营效率吗？——基于 DEA 及 Malmquist 指数模型. 重庆理工大学学报（社会科学）(2)：26－36.

翁钢民，李凌雁.2016. 中国旅游与文化产业融合发展的耦合协调度及空间相关分析. 经济地理（1)：178－185.

翁贞林.2008. 农户理论与应用研究进展与述评. 农业经济问题（8)：93－100.

肖红波，王济民.2012. 新世纪以来我国粮食综合技术效率和全要素生产率分析. 农业技术经济（1)：36－46.

谢高地，张钇锂，鲁春霞，郑度，成升魁.2001. 中国自然草地生态系统服务价值. 自然资源学报，(1)：47－53.

辛岭，蒋和平.2010. 我国农业现代化发展水平评价指标体系的构建和测算. 农业现代化研究，31（6)：646－650.

杨春，王国刚，王明利.2017. 我国的燕麦草生产和贸易. 草业科学（5)：1129－1135.

杨春，王明利.2011. 我国的苜蓿生产与奶业发展——草畜结合是推进发展的关键. 中国畜牧杂志（16)：14－17.

杨春，王明利，刘亚钊.2011. 中国的苜蓿草贸易——历史变迁、未来趋势与对策建议. 草业科学，28（9)：1711－1717.

杨军，程申，杨博琼，王晓兵.2013. 日韩粮食消费结构变化特征及对我国未来农产品需求的启示. 中国软科学（1)：24－31.

杨志海，麦尔旦·吐尔孙，王雅鹏，2016. 劳动力转移及其分化对农业生产效率的影响——以江汉平原水稻和棉花种植为例. 中国农业大学学报（2)：140－149.

杨志武，钟甫宁，2011. 农户生产决策研究综述. 生产力研究（9)：209－211.

姚增福，郑少锋.2010. 种植大户生产行为意愿影响因素分析——基于 TPB 理论和黑龙江省 378 户微观调查数据. 农业技术经济（8)：27－33.

应瑞瑶，郑旭媛.2013. 资源禀赋、要素替代与农业生产经营方式转型——以苏、浙粮食生产为例. 农业经济问题，34（12)：15－24.

袁青青，韩一军.2018. 我国小麦全要素生产率的评价分析——基于 DEA－Malmquist 指数方法. 中国农业文摘—农业工程，(4)：19－24.

张璟，程郁，郑风田.2016. 市场化进程中农户兼业对其土地转出选择的影响研究. 中国软科学（3)：1－12.

张利国，鲍丙飞.2016. 我国粮食主产区粮食全要素生产率时空演变及驱动因素. 经济地理（3)：147－152.

张林秀，徐晓明.1996. 农户生产在不同政策环境下行为研究——农户系统模型的应用. 农业技术经济（4)：27－32.

张瑞娟，孙顶强，武拉平，Colin Carter. 2014. 农户存粮行为及其影响因素——基于不同粮食品种的微观数据分析．中国农村经济（11）：17－27.

张松林，张昆．2007. 局部空间自相关指标对比研究．统计研究（7）：65－67.

张卫建，卞新民，章熙谷．1997. 农牧结合在解决中国粮食安全问题中的作用．南京农业大学学报（4）：12－16.

张卫建，冯金侠，郑建初，吴魁，李小妹．2001. 稻/牧草—鹅农牧结合模式农田生态环境效应分析．中国生态农业学报（4）：101－103.

张英俊．2019. 我国饲草作物的产业发展．中国乳业（4）：3－9.

张英俊，任继周，王明利，杨高文．2013. 论牧草产业在我国农业产业结构中的地位和发展布局．中国农业科技导报，15（4）：61－71.

张英俊，张玉娟，潘利，唐士明，黄顶．2014. 我国草食家畜饲草料需求与供给现状分析．中国畜牧杂志（10）：12－16.

张正河．2003. 中国牧草产业市场与经营．动物科学与动物医学（9）：14－16.

张芷若，谷国锋．2019. 科技金融与科技创新耦合协调度的空间格局分析．经济地理，39（04）：50－58.

赵爱桃，刘天明．2008. 退耕退牧还草农牧户的社会认知与政策响应．中国草地学报（1）：112－116.

赵守军，赵瑞莹．2012. 山东省生猪价格波动研究．科技和产业（5）：69－73.

赵懿真，王帅，徐玥，王洁．2019. 河北省“粮改饲”政策实施现状与对策研究．中国乳业（2）：9－13.

赵丹丹，齐骥，郑继媛．2018. 农业风险、预期收益与粮农种植决策行为分析——以水稻生产户为例．粮食经济研究（1）：87－96.

郑瑞强，刘小春，杨丽萍．2016. “粮改饲”政策效应分析与关键问题研究观点．饲料工业，37（3）：62－64.

钟甫宁，胡雪梅．2008. 中国棉农棉花播种面积决策的经济学分析．中国农村经济（6）：39－45.

钟鑫．2016. 不同规模农户粮食生产行为及效率的实证研究．北京：中国农业科学院．

周开洪，王明利，钟家有，欧阳延生．2010. 江西省牧草产业发展研究．农业现代化研究（6）：708－711.

周清明．2009. 农户种粮意愿的影响因素分析．农业技术经济（5）：25－30.

周升强，高原，赵凯．2020. 草原生态补奖对贫困农牧户收入的影响．西北农林科技大学学报（社会科学版）（2）：138－147.

朱婷．2016. 基于三阶段 DEA 模型的我国小麦主产区小麦生产效率分析．无锡：江南大学．

朱希刚，刘延风. 1997. 我国农业科技进步贡献率测算方法的意见. 农业技术经济（1）：17-23.

朱新强，王晓力，王春梅，张茜. 2014. 甘肃省苜蓿种植现状及成本收益分析. 中国草食动物科学，34（6）：63-67.

Acar Z，Zeybek S. 2016. Growing Possibilities of Forage Rape With Some Annual Crops. VII International Scientific Agriculture Symposium，Jahorina，Bosnia and Herzegovina. Proceedings：359-365.

Adesina AA，Chianuj. 2002. Determinants of Farmers' Adoption and Adaptation of Alley Farming Technologyin Nigeria. Agroforestry Systems（55）：99-112.

Amacher G S，Hyde WF，Kanel K R. 1999. Nepali Fuelwood Production and Consumption：Regional and Household Distinctions，substitution and successful intervention.. Journal of Development Studies，35（4）：138-163.

Anderson JR，Dillonjl，Hardakerjb. 1977. Agricultural Decision Analysis. études rurales：159-160.

Ba N X，Lane P A，Parsons D. 2013. Forages Improve Livelihoods of Smallholder Farmers with Beef Cattle in South Central Coast Vietnam. Tropical Grasslands-Forrajes Tropicales（1）：225-229.

Banker R D，Chames A，Cooper W W. 1984. Some Models for Estimating Technical and Scale Inefficiencies in Data Envelopment Analysis. Management Science（30）：1078-1092.

Battese GE，Coelli TJ. 1993. A Stochastic Frontier Production Function Incorporating a Model for Technical Inefficiency Effects. Working Paper in Econometrics and Applied Statistics（69）：22.

Bazen E，Rroberts R K，Travis J，et al. 2008. Factors Affecting Hay Supply and Demand in Tennessee. Selected Paper Prepared for Presentation at the Southern Agricultural Economics Association Annual Meeting，Dallas，Texas. https：//ageconsearch. umn. edu/record/6889/.

Beshir H. 2014. Factors Affecting the Adoption and Intensity of Use of Improved Forages in North East Highlands of Ethiopia. American Journal of Experimental Agriculture，4（01）：12-27.

Binswanger HP，Sillers DA. 1983. Risk Aversion and Credit Constraints in Farmers Decision Making：a Reinterpretation. Journal of Development Studies，20（1）：5-19.

Borras SM，JR Mcmichael P，Scoonesi，2010. The Politics of Biofuelsland and Agrarian Change：Editors' Introduction. The Journal of Peasant Studies，37（4）：575-592.

Bouton J. 2007. The Economic Benefits of Forage Improvement In the United States. Euphytica

(154): 263 - 270.

Charnes A, Cooper W W, Rhodes E, 1978. Measuring the Efficiency of Decision Making Units. European Journal of Operational Research (2): 429 - 444.

Chebil A, Nasr H, Zaibet L. 2009. Factors Affecting Farmers' Willingness to Adopt Salt - tolerant Forage Crops in South - eastern Tunisia. African Journal of Agricultural & Resource Economics, 3 (01): 19 - 27.

Chang JB. 2018. The Effects of Forage Policy on Feed Costs in Korea. Agriculture (8) 72.

Doan D, Paddock B, Dyer J. 2003. Grain Transportation Policy and Transformation in Western Canadian Agriculture. Workshop on Agricultural Policy Reform and Adjustment Imperial College, Wye, October 23 - 25.

Dorning Ma, Smith J W, Shoemaker D A, Meentemeyer R K. 2015. Changing Decisions in a Changing Landscape: How Might Forest Owners in an Urbanizing Region Respond to Emerging Bioenergy Markets? Land Use Policy (49): 1 - 10.

Ellis F. 1993. Peasant Economics: Farm Households and Agrarian Development. Second Edition. Cambridge University Press.

Farahnaz P K, Aart D L, Miranda P M, Alfons Gjm, et al. 2016. Environmental and Economic Performance of Beef Farming Systems With Different Feeding Strategies in Southern Brazil. Agricultural Systems (146): 70 - 79.

Feder G, Justre, Zilberman D. 1985. Adoption of Agricultural Innovations in Developing Countries: A Survey. Economic Development and Cultural Change, 33 (2): 255 - 298.

Forage Information System, Oregon State University, Department of Crop and Soil Science, 2019. Explain How Forages Have Been and Are Essential to Civilization. https://forages.oregonstate.edu/nfgc/eo/onlineforagecurriculum/instructormaterials/availabletopics/introduction/essentialtocivilization.

German L, Goetz A, Searchinger T et al. 2017. Sine Qua Nons of Sustainable Biofuels: Distilling Implications of Under - performance for National Biofuel Programs. Energy Policy, (108): 806 - 817.

Gilmour DA. 1995. Rearranging Trees in the Landscape in the Middle Hills of Nepal. In: Arnold, J. E. M. and P. A. Dewees, (eds.), Tree Management in Farmer Strategies: Responses to Agricultural Intensification. Oxford University Press: 21 - 42.

Ginwal DS, Kumar R, Ram H, Dutta S, Arjun M, Hindoriya PS. 2019. Fodder Productivity and Profitability of Different Maize and Legume Intercropping Systems. Indian Journal of Agricultural Sciences (89): 83 - 87.

Hoshide A K. 2005. Re - integrating Crops and Livestock in Maine: an Economic Analysis of the Potential for and Profitability of Integrated Agricultural Production. Maine: The University of Maine.

Hathorn SJ. 1973. Impact of Other Cash Crops on Alfalfa Acreage and the Alfalfa Industry. http: //alfalfa. ucdavis. edu/+symposium/proceedings/1973/73 - 72. pdf.

He J Q, Wang S J, Liu Y Y, et al. 2018. Examining the Relationship Between Urbanization and the Eco - environment Using a Coupling Analysis: Case Study of Shanghai, China. Ecological Indicators, (94): 185 - 193.

Illingworth V. 1996. The Penguin Dictionary of Physics. Beijing: Foreign Language Press.

JAKOB EB, 2000. Temporal Coordination - On Time and Coordination of Collaborative Activities at a Surgical Department. Computer Supported Cooperative Work (CSCW), 9 (2): 157 - 187.

Kahan D. 2008. Managing Risk in farming. Food and Agriculture Organization of the United Nations, Rome, 13 - 19.

Khakbazan M, Moulin A M, Coulthard L, et al. 2009. Alfalfa As a Diversification Option for Grain Farms in Western Canada. Journal of International Farm Management, 4 (4): 40 - 49.

Kimball Miles S. 1988. Farmers' Cooperatives as Behavior Toward Risk. American Economic Review, 78 (1): 224 - 229.

Klein K K, Kerr W A. 1996. The Crow Rate Issue: A Retrospective on the Contributions of the Agricultural Economics Profession in Canada. Canadian Journal of Agricultural Economics, 44 (1): 1 - 18.

Knapp K. 1990. Economic Factors Affecting the California Alfalfa Market. http: //alfalfa. ucdavis. edu/+symposium/proceedings/1990/90 - 118. Pdf.

Konyar K, Knapp K. 1990. Dynamic Regional Analysis of the California Alfalfa Market with Government Policy Impacts. Western Journal of Agricultural Economics, 15 (1): 22 - 32.

Kumar R, Kumar D, Datt C, Makarana G, Yadav M R, et al. 2018. Forage yield and nutritional characteristics of cultivated fodders as affected by agronomic interventions: a review. Indian Journal of Animal Nutrition (35): 373 - 85.

Lacy R C, Pruitt J R, Hancock D W. 2014. Economic Returns and Risk Analysis of Forage-Wrapping Technologies. Selected Paper Prepared for Presentation at the Southern Agricultural Economics Association (SAEA) Annual Meeting, Dallas, Texas.

Lipton, M. 1968. The theory of the optimizing peasant. Journal of Development Studies, 4 (3): 327 - 351.

Li Y F, Li Y, Zhou Y, et al. 2012. Investigation of a Coupling Model of Coordination Between Urbanization and the Environment. Journal of Environmental Management (98): 127 - 133.

Mac H, Yilmaz H. 2016. Analysis of Factors Related with Farmers' Benefiting from Forage Crops Production Support: Evidence from a Survey for the Central Anatolia Region of Turkey. http: //www. revfacagronluz. org. ve/PDF/abril _ junio2016/v33n2a20161503. pdf.

Mahapatra AK, Mitchel C P. 2001. Classifying Tree Planters and Non Planters in a Subsistence Farming System Using a Discriminant Analytical Approach. Agroforestry Systems (52): 41 - 52.

Mats H, Stig MT, Mikhail AS. 2013. Assessing Uncertainties in Impact of Climate Change on Grass Production in Northern Europe Using Ensembles of Global Climate Models. Agricultural and Forest Meteorology (170): 103 - 113.

Mcnaughton SJ, Bantikwa FF, Mcnaughton MM. 1997. Promotion of the cycling of diet - enhancing nutrients by African grazers. SCIENCE, 278 (5344): 1798 - 1800.

Mobtaker HG, Aakram A, Keyhani A. 2010. Economic Modeling and Sensitivity Analysis of the Costs of Inputs for Alfalfa Production In Iran: A Case Study From Hamedan Province. Ozean journal of applied sciences, 3 (3): 313 - 319.

Nguyen X B, Nguyen H V, Ngoan L D, et al. 2008. Effects of Amount of Concentrate Supplement on Forage Intake, Diet Digestibility and Live Weight Gain in Yellow Cattle in Vietnam. Asian - Australasian Journal of Animal Sciences Volume, 21 (12): 1736 - 1744.

Olmstead J, Brummer E. 2008. Benefits and Barriers to Perennial Forage Crops in Iowa Corn and Soybean Rotations. Renewable Agriculture and Food Systems, 23 (2), 97 - 107.

Petesrs M, Home P, Schmidt A, Holmann F, et al. 2001. The Role of Forages in Reducing Poverty and Degradation of Natural Resources in Tropical Production Systems.

Pannell DJ. 1999. Social and Economic Challenges in the Development of Complex Farming Systems. Agroforestry Systems (45): 393 - 409.

Pattanayak SK, Mercer DE, Sills e O, Yang J C, et al. 2003. Taking Stock of Agroforestry Adoption Studies. Agroforestry Systems (57) 173 - 186.

Pimentel D, Marklein A, Toth MA, Karpoff M, et al. 2009. Food versus biofuels: Environmental and economic costs. Human Ecology (37): 1.

Pishgar K, Keyhan A, Rafiee S, Sefeedapry P. 2011. Energy Use and Economic Analysis of Corn Silage Production under Three Cultivated Area Levels in Tehran Province of Iran. Energy, 36 (5): 3335 - 3341.

Riggs W W. 2006. Risk Management at the Farm Level. Proceedings, Western Alfalfa &Forage Conference.

Roumasset JA. 1976. Rice and Risk Decision Making Among Low Income Farme. The Economic Journal：825－828.

Shen L Y，Huang Y L，Huang Z H. 2018. Improved Coupling Analysis on the Coordination Between Socio－economy and Carbon Emission. Ecological Indicators（94）：357－366.

Salam MA，Noguchi T，Moike M. 2000. Understanding Why Farmers Plant Trees in the Homestead Agroforestry in Bangladesh. Agroforestry Systems（50）：77－93.

Shannon CE. 1998. A Mathematical Theory of Communication. The Bell System Technical Journal（27）：379－423，623－656.

Singh I，Squire L，Strauss J. 1986. Agricultural Household Models：Extensions，Policy and Application. Baltimore，MD，U. S. A.

Sumner DA，Brunke H. 2013. Commodity Policy and California Agriculture. https：//www. researchgate. net/publication/242370584.

Swinton SM，Tanners，et al. 2017. How Willing Are Landowners to Supply Land for Bioenergy Crops in the Northern Great Lakes Region? Global Change Biology Bioenergy（9）：414－228.

Tang Z. 2015. An Integrated Approach to Evaluating the Coupling Coordination Between Tourism and the Environment. Tourism Management（46）：11－19.

Urban M A. 2005. Values and Ethical Beliefs Regarding Agricultural Drainage in Central Illinois，USA. Society & Natural Resources（18）173－189.

Wachter JM，Painter KM，et al. 2019. Productivity，Economic Performance and Soil Quality of Conventional Mixed and Organic Dry Land Farming Systems in Eastern Washington State. Agriculture Ecosystems & Environment，286.

Walker TS，Jodha NS. 1986. How small farm households adapt to risk. Crop insurance for agricultural development：17－34.

Walter G. 1997. Images of Success：How Illinois Farmers Define the Successful Farmer. Rural Sociology，62（1）：48－68.

Weston M E，Morey BC，et al. 2018. How do Sociocultural Factors Sshape Rural Landowner Responses to the Prospect of Perennial Bioenergy Crops? Landscape and Urban Planning（175）：195－204.

Wheeler T，Reynolds C. 2013. Predicting the Risks From Climate Change to Forage and Crop Production for Animal Feed. Animal Frontiers，3（1）：36－41.

White SS，Brown JC，Gibson J，Hanley E，Earnhardt D. 2009. Planting Food or Fuel：An Interdisciplinary Approach to Understanding Farmers’ Decision to Grow Second－generation Biofuel Feedstock Crops. Comparative Technology Transfer and Society（7）：

287－302.

Wilson D，Urban M，Graves M，et al. 2003. Beyond the Economic：Farmer Practices and Identities in Central Illinois，USA. The Great Lakes Geographer（10）：21－33.

Yousefi M. 2011. Economical analysis and energy use efficiency in alfalfa production systems in Iran. Scientific Research and Essays，6（11）：2332－2336.

Zeleke EA. 2009. Smallholder Farmers'Decision Making in Farm Tree Growing in the Highlands of Ethiopia. Oregon：Oregon State University.

Zahmatkesh D，Amanlou H，Ghader D. 2013. Economic Modeling and Sensitivity Analysis of Inputs in Alfalfa Production in Different Harvesting System. International Journal of Agriculture.

图书在版编目（CIP）数据

中国牧草生产者种植决策行为研究 / 高海秀，王明利著．—北京：中国农业出版社，2020.12
ISBN 978-7-109-27635-2

Ⅰ.①中… Ⅱ.①高… ②王… Ⅲ.①牧草-种植-决策行为-研究-中国 Ⅳ.①F326.3

中国版本图书馆 CIP 数据核字（2020）第 250887 号

中国农业出版社出版
地址：北京市朝阳区麦子店街 18 号楼
邮编：100125
责任编辑：刘明昌
版式设计：杜　然　　责任校对：赵　硕
印刷：北京大汉方圆数字文化传媒有限公司
版次：2020 年 12 月第 1 版
印次：2020 年 12 月北京第 1 次印刷
发行：新华书店北京发行所
开本：720mm×960mm　1/16
印张：9.25
字数：170 千字
定价：45.00 元
